A SEGUNDA-FEIRA É DAS ALMAS

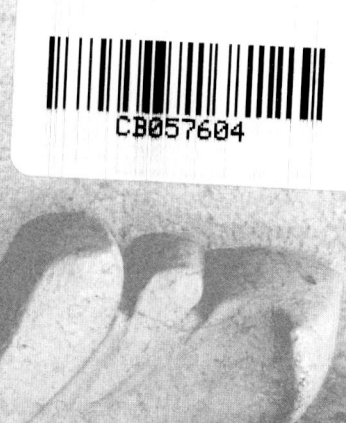

PUC
RIO

Reitor
Pe. Josafá Carlos de Siqueira, S.J.

Vice-Reitor
Pe. Francisco Ivern Simó, S.J.

Vice-Reitor para Assuntos Acadêmicos
Prof. José Ricardo Bergmann

Vice-Reitor para Assuntos Administrativos
Prof. Luiz Carlos Scavarda do Carmo

Vice-Reitor para Assuntos Comunitários
Prof. Augusto Luiz Duarte Lopes Sampaio

Vice-Reitor para Assuntos de Desenvolvimento
Prof. Sergio Bruni

Decanos
Prof. Paulo Fernando Carneiro de Andrade (CTCH)
Prof. Luiz Roberto A. Cunha (CCS)
Prof. Luiz Alencar Reis da Silva Mello (CTC)
Prof. Hilton Augusto Koch (CCBM)

Monique Augras

A SEGUNDA-FEIRA É DAS ALMAS

Rio de Janeiro, 2012.

© Editora PUC-Rio
Rua Marquês de S. Vicente, 225
Projeto Comunicar – Casa Editora/Agência
Gávea – Rio de Janeiro – RJ – CEP 22453-900
Telefax: (21) 3527-1760/1838
www.puc-rio.br/editorapucrio
edpucrio@puc-rio.br

Conselho Editorial
Augusto Sampaio, Cesar Romero Jacob, Fernando Sá, José Ricardo Bergmann, Luiz Roberto Cunha, Luiz Alencar Reis da Silva Mello, Miguel Pereira, Paulo Fernando Carneiro de Andrade.

Revisão de originais
Débora de Castro Barros

Revisão de provas
Debora Fleck

Projeto gráfico de miolo
Debora Fleck

Projeto gráfico de capa
Luis Saguar e Rose Araujo

© Pallas Editora
Rua Frederico de Albuquerque, 56
Higienópolis – Rio de Janeiro – RJ – CEP 21050-840
Tel.: (21) 2270-0186
www.pallaseditora.com.br
pallas@pallaseditora.com.br

Editores
Cristina Fernandes Warth e Mariana Warth

Coordenação editorial
Raphael Vidal

Produção editorial
Aron Balmas

Todos os direitos reservados. Nenhuma parte desta obra pode ser reproduzida ou transmitida por quaisquer meios (eletrônico ou mecânico, incluindo fotocópia e gravação) ou arquivada em qualquer sistema ou banco de dados sem permissão escrita das Editoras.

(Este livro segue as novas regras do Acordo Ortográfico da Língua Portuguesa.)

ISBN Ed. PUC-Rio: 978-85-8006-061-4
ISBN Pallas: 978-85-347-0485-4

Augras, Monique

A segunda-feira é das almas / Monique Augras.–
Rio de Janeiro: Ed. PUC-Rio: Pallas Editora, 2012.
146 p.; 21 cm

1. Alma. 2. Espírito. I. Título.

CDD: 128.1

"Agradeço às almas / santa bem dita /as graças alcançadas" (placa encontrada em uma igreja da cidade do Rio de Janeiro).

sumário

APRESENTAÇÃO   9

1. O LUGAR DOS MORTOS NO CRISTIANISMO
E O SISTEMA DO PURGATÓRIO   17

2. AS ALMAS NO BRASIL: DO DEVER À DEVOÇÃO   37

3. CIDADE DOS MORTOS: CEMITÉRIOS CARIOCAS   79

4. DEFUNTOS MILAGREIROS   99

5. CONCLUSÃO: O ALÉM BRASILEIRO   131

REFERÊNCIAS BIBLIOGRÁFICAS   139

APRESENTAÇÃO

Este livro nasceu de um projeto de pesquisa desenvolvido ao longo dos anos de 2000 a 2003, na PUC-Rio, com o apoio do CNPq. Na ocasião de uma investigação anterior sobre o modo como devotos se relacionavam com os seus santos prediletos, descobri que, ao lado de uma categoria de santos considerados particularmente eficientes em ajudar as pessoas naqueles tempos de crise, era possível contar com intercessores altamente operosos, designados sob o nome genérico de "as almas". Foi então que planejei esse segundo projeto, intitulado *Socorro urgente: das almas benditas aos santos da crise*. A pesquisa de campo pôs em evidência a crença no pronto atendimento por parte de quatro santos: Santo Expedito, padroeiro das "causas urgentes"; Santa Rita "dos impossíveis"; Santa Edwiges, protetora dos endividados; e São Judas Tadeu, que atende a "casos desesperados". A esses vieram se juntar novas intercessoras: Nossa Senhora Desatadora dos Nós, que apareceu no Rio de Janeiro em 2001, logo mais seguida por Nossa Senhora da Defesa. Várias publicações deram conta dos achados desta pesquisa, sob forma de artigos específicos[1] ou integrados no livro *Todos os santos são bem-vindos* (Augras, 2005b).

---

[1] "Secours d'urgence: le 'show' de Saint Expedit" (Augras, 2001); "Devoções populares: arcaísmo ou pós-modernidade?" (Augras, 2004a); "A moda dos santos e os santos da moda" (Augras; Guedes, 2007).

Agora chegou a oportunidade de consagrar um livro inteiro[2] àquelas almas em que, dizem os devotos, se pode confiar totalmente: "Com as almas, é garantido." O abençoado lazer propiciado pela aposentadoria permitiu que eu retomasse a massa dos relatórios redigidos pelos estudantes de graduação que tomaram parte no trabalho de campo. Foram eles: Bruno Abifadel, Fernanda Pereira da Silva, Heloisa Micheletti, Maria de Fátima Florim, Maurício Guedes e Raviv Rosenkviat, todos bolsistas IC/CNPq; Adriana Soares Sampaio, Ana Beatriz Frischgesell Fonseca, Andrea Barbosa da Silva, Carla da Silva Panetti, Daniela Rodenbach, Daniele Salomão, Dulcinéa Nunes de Souza, José Doriberto Freitas, Lorena Richter e Renata del Caro Daniel. Todos trouxeram informações relevantes, e tenho de homenagear o seu entusiasmo. Mas também me orgulho de ter inoculado em muitos deles o vírus da pesquisa de campo. Alguns se tornaram preciosos colaboradores e, mais adiante, enveredaram pela pós-graduação, mestrado e doutorado, na própria PUC ou no exterior. E acredito que o fato de lhes ter apresentado um Brasil que vários deles – sobretudo os clássicos "alunos da PUC" de alta classe média e moradores da zona sul – desconheciam amplamente, com uma riquíssima "cultura popular" tantas vezes folclorizada, lhes abriu um amplo elenco de modalidades de ser no mundo.

No plano teórico, o apoio foi fornecido pelos autores de sempre. Em primeiro lugar, Cornelius Castoriadis (1992), cujo conceito de "imaginário sócio-histórico" fornece um referencial seguro para a interpretação dos esquemas de significação propostos pela cultura do grupo em estudo. Entre os diversos dispositivos que asseguram ao homem que o mundo é real e que sua vida tem sentido, a religião – qualquer sistema religioso – talvez

---

[2] Dois artigos já apresentaram uma súmula dos achados: "La dévotion aux âmes du purgatoire à Rio de Janeiro" (Augras, 2004b) e "A segunda-feira é das almas" (Augras, 2005a).

seja o mais poderoso. Nesse ponto, Peter Berger (1985), ao definir a religião como o conjunto de regras e representações que garantem a realidade e a permanência das condições de plausibilidade do mundo, nos ajuda a entender a importância dos laços "que não apenas *re-ligam* entre si os membros de uma comunidade, mas articulam essa comunidade com a totalidade do mundo social",[3] em um conjunto de significados mutuamente construídos (Castoriadis, 1996).

Nessa perspectiva, a função da religião é assegurar que o mundo existe da maneira como ela o descreve, que é preciso obedecer a leis e cumprir rituais para mantê-lo em sua estrutura, de modo a livrar-nos da insanidade e do caos. É dizer que atende a uma dupla finalidade: psicológica – pois um mundo sem sentido desemboca na loucura – e sociológica – pois a sociedade e as instituições, para se manterem, implicam a manutenção de um sistema relativamente estável de regras, o *nomos*, que, para Berger, constitui "um escudo contra o terror". Terror da anomia, da falta de regras e de sentido, que pode levar o indivíduo "a perder o senso da realidade e da identidade", perder o próprio mundo. Na teoria de Berger, tal como na de Castoriadis, construção do mundo e constituição da subjetividade se formatam mutuamente. E a religião atua em todos os níveis: cognitivos, representacionais e afetivos.

Desde a primeira pesquisa sobre os santos, a atitude dos devotos pareceu remeter a uma visão do mundo na qual a relação com esses poderosos mediadores forçosamente obedece a um princípio de *trocas*. Na formulação do pedido de atendimento, o solicitante sugere que, ao receber a ajuda do santo, retribuirá com orações e se empenhará em divulgar seus poderes por meio da impressão e distribuição de milhares de "santinhos", com a promes-

---

[3] Traduzo as citações de originais franceses.

sa de uma devoção constante para o resto da vida. Fica-se com a impressão de que nenhum santo será capaz de ajudar o devoto se não receber algum pagamento. Nesse mundo, não existe gratuidade, e a devoção ao santo toma feição de troca de favores. Sem dúvida, essa é uma visão do mundo bem compartilhada por todos os níveis de uma sociedade fundamentalmente desigual, como é a brasileira, em que os mais elementares direitos dos cidadãos são vistos como "favores" concedidos ao bel-prazer dos poderosos.[4] Ainda que, no pano de fundo da religião hegemônica, as relações entre pessoas sejam norteadas por princípios éticos, e que o discurso cristão enfatize a perspectiva de uma salvação que só poderá ocorrer depois da morte, os devotos, em sua vida cotidiana, procuram a satisfação imediata de suas necessidades neste mundo, aqui e agora, mediante o recurso à ajuda dispensada pelos poderosos do Além. E, para obter essa ajuda, eles têm de dar algo em troca, sob a forma de orações, de promessas ou de oferendas.

É dizer que as relações entre pedintes e mediadores se pautam pelo preceito latino "*do ut des*", ou seja, em português claro: "toma lá, dá cá." Pela sua conotação eminentemente prática, já que o pedinte, no caso, oferece algo que o santo supostamente aprecia, esse comportamento parece deslizar da área estritamente religiosa – celebrar Deus e obedecê-Lo em todas as coisas – para se colocar no plano da magia – agradar mediadores para que atendam aos nossos desejos.

Falar em magia para descrever rituais utilizados por nossos contemporâneos é um tanto melindroso, pela má fama frequentemente atribuída a esse campo. Como jocosamente observou Pedro Ribeiro de Oliveira (1986: 26): "'Magia' é uma espécie de cartão vermelho no campo das religiões." É uma categoria geral-

---

[4] "O mundo é visto como sendo feito de fortes e fracos, ricos e pobres, patrões e clientes, uns fornecendo aos outros aquilo de que eles não dispõem" (DaMatta, 1979: 182).

mente utilizada para desqualificar comportamentos que se afastam da religião, ou da ideologia, professada pelo autor. Nessa perspectiva, a oposição entre magia e religião pode ser resumida de modo singelo: magia é a religião dos outros. "Querendo ou não, quando classificamos um fenômeno como 'mágico' ou como 'religioso', estamos desqualificando uns e assumindo a autenticidade de outros" (1986: 26). O ideal seria evitar o uso desses termos para fugir do etnocentrismo neles embutido. Mas o próprio Oliveira admite a impossibilidade de prescindir dessas noções: "precisamos assumir o risco de, tendo recuperado para as ciências do social o conceito de 'magia', dar-lhe operacionalização efetivamente sociológica, isto é, que não pague mais tributo às suas raízes teológicas" (1986: 27).

A antropologia evolucionista, filha da ideologia colonial e cientificista, via na magia a marca do primitivismo. Marcel Mauss, no esforço de definir sociologicamente o campo e a função da magia, lembra que os primeiros autores concordavam em considerar que, nela, se resumem "toda a vida mística e toda a vida científica do primitivo; constitui o primeiro estágio da evolução mental do primitivo" (Mauss; Hubert, 1978: 5). Seria "o modo de pôr em prática as superstições, ou seja, umas crenças que não são nem religiosas nem científicas". Nessa definição, a desqualificação é total e situa o colonizado, o "outro" do Ocidente, no mais baixo patamar na escala civilizatória. A demonstração de Mauss, no entanto, acaba assegurando a dimensão social e até mesmo necessária da magia, de tal modo que não há como opô-la, estruturalmente, à religião. A diferença reside nas modalidades de atuação.

> Enquanto a religião tende à metafísica e toma para si a criação de imagens ideais, a magia sai, por mil frestas, da vida mística de onde tira sua força, para cuidar da vida leiga. *Ela tende para o concreto, assim como a religião tende para o abstrato. (...) essencialmente, a magia é arte de fazer.* (1978: 134; grifos nossos)

Magia é ação concreta e visa à pura eficácia. E, nesse ponto, a utilização desse termo no campo das ciências sociais se revela imprescindível. Não deixa apenas de desqualificar, mas ainda qualifica, com bastante precisão, uma ordem de comportamentos que não teríamos como definir de outro modo. Os devotos que observamos e entrevistamos buscavam soluções práticas e imediatas para os seus problemas. Falavam em "fé" e em "graças" recebidas. Mas o uso desses termos consagrados pelo código da religião hegemônica deixava escorrer, *por mil frestas*, a presença da velha magia, isto é, "uma técnica que permite fazer intervir em benefício do grupo *forças sobrenaturais* (...), mediante rito que sempre visa um *objetivo concreto*", conforme a definição de um pequeno dicionário de antropologia (Favrod, 1977: 128; grifos do autor).

A rigor, e isso constitui uma das mais interessantes contribuições da pesquisa de campo, o comportamento e as falas dos devotos não permitem separar claramente o que é da ordem da prática mágica daquilo que é do domínio do discurso religioso. "A imbricação é um fato inegável", escreve Antônio Flávio Pierucci (2001: 99) em livro de leitura obrigatória para quem pretende entender alguma coisa das questões ligadas à magia.

> Na "vida real", na ordem dos fatos e não dos conceitos, magia e religião convivem, formam um ecossistema. Mundo afora a magia se forma, se enrama e floresce em ambientes religiosos. Quase por toda parte, o ritual religioso contém componentes mágicos evidentes. Existem espaços religiosos que se constituem em verdadeiros santuários de magia. Nas mais diferentes religiões, sacerdotes agem às vezes como se fossem magos ou adivinhos, curandeiros ou conjuradores de demônios, e o relacionamento religioso com deuses, santos, almas, anjos ou espíritos costuma ter ingredientes mágico-coercitivos evidentes.

Acresce que, em um país como o Brasil, há uma notável permeação entre os subsistemas religiosos, que se poderiam des-

APRESENTAÇÃO

crever, para retomar a argumentação de Pierre Sanchis (2001: 13), como "subcampos, ou melhor, correntes dinâmicas, portadoras de lógicas específicas, que ora se aproximam, ora se distanciam". Coube a Sanchis introduzir a noção de *porosidade* dos sistemas de crenças no campo brasileiro, bem mais satisfatória, a meu ver, do que a antiga conceituação em termos de "sincretismo", que, implícita ou explicitamente, subentendia certa hierarquização entre religiões, pela qual o catolicismo ocupava a posição de maior destaque em relação às demais. Além disso, a porosidade implica dinamismo, trocas, transformações, e, no nível do devoto, a possibilidade de trilhar "mil caminhos sucessivos ou simultâneos". Verificaremos isso, em cada passo de nossa pesquisa, quando as pessoas encontradas à beira dos "queimadores" das veneráveis igrejas do Rio de Janeiro darão mostra de sua múltipla pertença, pela realização de rituais, "efetiva e diretamente vivenciados" (2001: 32).

Sanchis expressa a opinião de que, em sua própria constituição, o Brasil tem sido "sempre plural". Desde os primórdios da colônia,

> o catolicismo português viu-se jogado num espaço aberto e sem fim, onde encontrou sincronicamente universos simbólicos diferentes, através da forçada aproximação das identidades de três povos desenraizados. Encontro, sem dúvida, estruturalmente desigual. (2001: 24)

A hegemonia da religião católica criou um quadro de referências do qual nenhum subcampo logrou escapar. E, ainda hoje, esse peso permanece, por mais que seja combatido agora por novas denominações.

Dessa forma, ao iniciar o relato dos achados da pesquisa no campo da devoção às almas na cidade do Rio de Janeiro, temos de assumir que, por mais estranhas que certas práticas possam parecer, todas se dão a partir do referencial católico, que, ao criar a noção de purgatório, deu um enquadramento às mais antigas práticas de relacionamento entre vivos e mortos. Assim sendo, é preciso que dediquemos um primeiro capítulo ao lugar dos mortos no cristianismo e aos preceitos que, no catolicismo de hoje, ainda norteiam a nossa visão das almas e dos deveres que para com elas temos.

Em seguida, veremos como a preocupação com a salvação das almas, no Brasil colonial, foi produzindo, ao lado das prescrições oficiais da Igreja, um conjunto de práticas e comportamentos que, hoje, se cristalizou na devoção às almas do purgatório, tal como se revela na pesquisa de campo. Das oferendas junto dos "queimadores" nas igrejas do Rio de Janeiro às orações em toda parte rezadas, o nosso percurso teve de ser ampliado para outro espaço, o dos cemitérios, onde os devotos vão ao encontro de inúmeras almas, benfazejas algumas, à procura de ajuda para as mazelas cotidianas.

Assim, esbarramos em "santos do povo", fantasmas, crianças milagreiras, bandidos, espíritos de toda espécie e entidades de origens várias, que povoam o "Além brasileiro", multifacetado, dinâmico, assombrado e assombroso, reflexo, no outro mundo, desse rico Brasil paradoxal.

1. O LUGAR DOS MORTOS NO CRISTIANISMO E O SISTEMA DO PURGATÓRIO

No mundo antigo, a implantação do cristianismo não se processou a partir do nada. Entre a sua proclamação como religião do Estado romano, no início do século IV, até o seu triunfo praticamente definitivo em grande parte do Ocidente, que historiadores recentes situam nos séculos VIII-IX, deu-se uma ação contínua de destruição das instituições pagãs, junto com a assimilação e transformação de ritos e crenças variados, herdados daquela "massa esponjosa de tolerância e tradições", característica do paganismo na opinião de Ramsay McMullen (1998). A sociedade romana estava longe de apresentar um panorama religioso unificado e harmonioso, desde o ceticismo de grandes pensadores até a adesão da elite às crenças mais exóticas, sobre um fundo de práticas enraizadas nos costumes. Essa diversidade, que deixava cada um livre para cultuar "os inúmeros seres sobrenaturais, na esperança [de] que fossem benevolentes e atendessem às preces (salvo aqueles que pudessem se tornar maléficos por meio de invocações mágicas), na crença [de] que cada lugar e cada povo tinham seus protetores entre eles" (McMullen, 1998: 53), nessa religião "não normativa", permitia que os devotos pudessem, por assim dizer, escorregar entre as múltiplas frestas dos cultos possíveis. Assim sendo, em face do avassalador empreendimento de conversão do cristianismo, eles ofereciam uma resistência dotada de elasticidade, em cada momento da vida cotidiana, fundamentalmente impregnada de práticas tradicionais.

Passada a era das conversões sistemáticas e das perseguições, o cristianismo triunfante acabou tendo de se conformar com a persistência dos elementos não cristãos, ainda que reduzidos às categorias de "superstições" ou "desvios". Nesse cenário, algo que tocava no mais profundo das angústias da existência humana, como a realidade da morte, dificilmente poderia ser desvinculado das práticas antigas. E o culto dos mortos cristãos em quase nada se diferenciou do culto não cristão. McMullen chega a afirmar que "por séculos, o culto pagão dos mortos foi um elemento constante do cristianismo" (1998: 155). Para sepultar os seus, os cristãos costumavam aproveitar sarcófagos tradicionais, adornados de símbolos antigos.[5] Mais estranha talvez era a persistência do hábito de se instalar, no túmulo, um pequeno cano pelo qual se deitaria vinho, para deleite do defunto, que assim tomaria parte no banquete funerário em sua homenagem.

Quando forem relatados, adiante, os achados da pesquisa de campo realizada na cidade do Rio de Janeiro nos anos de 2000 a 2003, não poderemos nos surpreender com a descrição das oferendas – pão, café, milho etc. – depositadas na intenção das almas boas e más... E, tal como nos primeiros séculos do cristianismo, não se pode dizer que a Igreja aprecie particularmente esse tipo de comportamento mais pagão do que católico. Mas a persistência de práticas não cristãs dentro das igrejas evidencia, afinal, que "o triunfo da Igreja não residiu na obliteração, mas, sim, na mais ampla integração, e na assimilação" (1998: 217).

No caso do culto aos mortos, a reinterpretação dos rituais não cristãos para integrá-los aos ritos cristãos parece ter sido fa-

---

[5] Pude verificar isso nos belos sarcófagos conservados na cripta da catedral de Palermo, na Sicília.

vorecida pela doutrina do "corpo místico",[6] que, ao estabelecer um *continuum* entre todos os cristãos, vivos e mortos, assegura a permanência das relações entre eles. "Durante os primeiros séculos cristãos, *a solidariedade e a assistência mútua entre fiéis mortos e vivos* foram sublinhadas por Orígenes e Basílio de Cesárea" (Delumeau, 2000: 452; grifo meu). Essa reciprocidade fica bem evidenciada pela importância atribuída a uma categoria especial de defuntos: os santos do paraíso. Os santos foram "gente como a gente" que se entregaram totalmente aos desígnios de Deus e, por conseguinte, são para nós modelos e guias. Assim, na situação privilegiada de que desfrutam, estão na primeira linha para ajudarem os vivos. Diz ainda Jean Delumeau (2000) que os santos "lutam para os vivos, junto com eles", e que "as almas dos falecidos tomam parte nas assembleias litúrgicas". Vivos e mortos estão indissoluvelmente ligados.

Por esse motivo, os primeiros séculos homenageavam os mortos cristãos no dia da festa de Pentecoste, quando é celebrada a descida do Espírito Santo na assembleia dos primeiros discípulos de Cristo. Mas, no século VII, o papa Bonifácio IV, ao transferir para o Panteão[7] os restos dos mártires até então amontoados em ossuários, instituiu o dia 13 de maio[8] como festa a eles consagrados, seguindo nisso, ao que parece, uma tradição de origem síria. Sem dúvida, os mártires constituem a catego-

---

[6] "Assim nós, conquanto muitos, somos um só corpo em Cristo e membros uns dos outros" (São Paulo, *Romanos*, 12, 5).

[7] Seguramente o mais bem conservado entre os monumentos da Roma antiga, esse belíssimo templo, erguido para homenagear "todos os deuses" (do grego *pan*, todo, e *theós*, deus), fora transformado em igreja pelo mesmo papa, em 609, sob o vocábulo de Santa Maria dos Mártires.

[8] Não posso deixar de lembrar que, no Brasil, 13 de maio é o dia consagrado pela umbanda aos Pretos Velhos. A justificativa, como se sabe, é a data da Abolição, mas a coincidência não deixa de ser curiosa!

ria de santos mais obviamente ligada à relevância de uma morte cristã, e suas relíquias cedo foram objeto de culto específico. A extensão da celebração para *todos* os santos foi obra de outro papa, Gregório IV, que, em 835, fixou a data de 1º de novembro para isso.[9] A escolha da data, diz Jacopo da Varazze, autor de *A legenda áurea*, compêndio de tudo aquilo que se sabia e se fazia em relação ao culto dos santos no início do século XIII, deveu-se a motivos essencialmente pragmáticos: "como a festa reunia enorme multidão que não haveria como alimentar, um papa chamado Gregório IV resolveu transferi-la para as calendas (dia primeiro) de novembro, quando já acabaram as colheitas de cereais e as vindimas" (Voragine, 1967: 313). O medievalista Jacques Le Goff (1964: 157) ainda sublinha que, na Idade Média,

> a maioria das grandes festas religiosas não apenas sucedem a festas pagãs já relacionadas com o tempo natural,[10] mas se situam em um tempo litúrgico que segue o ritmo do trabalho nos campos. Do Advento até a Pentecoste, o ano litúrgico corresponde ao período de descanso dos camponeses.

Finalmente, por volta de 1030, Odilon, abade do mosteiro de Cluny, na Borgonha, que gozava de grande prestígio em toda a cristandade, instituiu a celebração da Festa dos mortos – o nosso Dia de Finados – em 2 de novembro. Desse modo, a continuidade

---

[9] Alguns autores atribuem a iniciativa ao papa Gregório III e consideram que a intervenção de Gregório IV foi insistir na extensão da celebração de todos os santos para toda a cristandade (cf. Calon, 1995: 52).

[10] Por exemplo, entre os celtas, o ano começava em 1º de novembro, quando se iniciava uma semana de celebração da festa de *Samain*, que homenageava os defuntos. Na primeira noite, apagavam-se todos os fogos, quando "príncipes e heróis falecidos saíam do túmulo para cobrar as obrigações dos sucessores" (Calon, 1995: 52). Em uma noite daquelas, Saint Patrick, o grande evangelizador da Irlanda, teria lutado contra as divindades pagãs, derrotando-as. Há quem veja nas festas de Halloween o eco longínquo de *Samain*.

1. O LUGAR DOS MORTOS NO CRISTIANISMO E O SISTEMA DO PURGATÓRIO

da ligação entre vivos e mortos estava reafirmada. Ao mesmo tempo, separava os santos – que vêm em primeiro lugar – dos defuntos comuns – lembrados no dia seguinte –, mas também apontava para o caminho que todo cristão finalmente deverá trilhar: seguindo o exemplo dos santos, entrará no paraíso. Isso posto, qual será o percurso daquelas inúmeras almas dos cristãos ordinários? Logo depois do momento da morte, para onde vão? Afastam-se desta terra ou permanecem vagueando pelos lugares que costumavam frequentar em vida? Podem se comunicar com os vivos? O que é preciso fazer para ajudá-las no caminho da salvação?

Na alta Idade Média, "certa imprecisão manteve-se a respeito dos caminhos pós-morte, tanto na mente dos fiéis como nos ensinamentos da Igreja" (Delumeau, 1992: 50). O mais importante, no entanto, era assegurar a salvação da alma, e a liturgia referente aos mortos logo foi se estabelecendo: missas celebradas no terceiro, sétimo e trigésimo dia após o falecimento; doações feitas pelos herdeiros aos mosteiros para que os bens fossem redistribuídos aos pobres. Instalava-se um poderoso sistema de sufrágios em intenção da salvação dos defuntos. Mas as antigas preocupações com a "vida" além da morte permaneciam.

No século V, Santo Agostinho redige um opúsculo intitulado *Sobre os cuidados que se devem dar aos mortos*, em que se opõe frontalmente ao luxo funerário copiado dos ricos pagãos. Admite certo aparato nos enterros, em consideração pelas famílias que podem, neles, encontrar certo consolo. Mas, de acordo com Le Goff (1981: 111 e segs.), a questão que o preocupa é a da manifestação das almas do outro mundo:

> Dizem que certos mortos apareceram a pessoas vivas, seja durante o sono, ou de outra maneira, para indicar onde se encontrava o seu cadáver insepulto (...). Mas alguém pode também me ver em sonho, sem que eu o saiba (...). No que diz respeito àquelas aparições, estou inclinado a creditá-las à interven-

ção dos anjos que, com autorização de Deus ou ao Seu mando, informam ao sonhador que é preciso sepultar determinados mortos, sem que os próprios mortos o saibam.

Para Agostinho, por conseguinte, não existe possibilidade de os mortos se comunicarem com os vivos. São os anjos que fazem surgir a *imagem* do falecido para ajudá-lo no caminho da salvação. A rigor, como bem sublinha Jean-Claude Schmidt (1994), trata-se de uma "visão espiritual", que apenas reproduz a aparência dos homens vivos que os defuntos haviam sido. Agostinho rechaça frontalmente a possibilidade de espectros aparecerem, *motu proprio*, para assombrar os vivos. Fantasmas são também imagens, mas produzidas pelos demônios, que, autorizados por Deus, aterrorizam os vivos para levá-los a refletir sobre a salvação da alma e os meios de alcançá-la. Tanto é que a instituição do Dia de Finados por Odilon de Cluny teria decorrido de uma dessas manifestações diabólicas:

> certo ermitão siciliano ouviu os demônios que atuam nas chamas do Etna queixarem-se de que as preces, esmolas e missas dos monges cristãos rapidamente livravam as almas réprobas de suas torturas. Informado daquela visão, o abade Odilon instituiu a festa dos mortos. Logo mais, o falecido papa Bento, libertado dos sofrimentos do além pelos sufrágios dos monges clunisianos, apareceu para confirmar a excelência daquela iniciativa. (Schmidt, 1994: 86)

Essa aparição, com certeza autorizada, garantiu a legitimação da festa criada pelo santo abade, e sua celebração se estendeu a toda a cristandade. Mas a lenda põe também em evidência a permanência, no imaginário medieval, do tema da comunicação entre vivos e mortos[11] e dá a conhecer alguns traços de uma geografia do Além.

---

[11] Jean-Claude Schmidt, autor de um exaustivo estudo sobre relatos medievais de assombrações, sublinha que "a teoria agostiniana foi totalmente contradi-

Dentro de um vulcão, almas de pecadores são torturadas por diabos. Mas esse inferno não é definitivo. Padecimentos dos mortos e sufrágios dos vivos se conjugam e se complementam para libertar as almas. Desde os primórdios do cristianismo, a crença em uma vida após a morte implicava que, de acordo com o julgamento divino, as almas dos defuntos fossem gozar da felicidade eterna junto de Deus, no paraíso, ou ser eternamente castigadas, padecendo no inferno.

Mas qual poderia ser o *status post mortem* das pessoas que, nem completamente boas nem totalmente más, haviam tido uma vida medíocre? E, até mesmo no caso de uma vida santa, o que poderia garantir que alguma falta, ainda que leve, não fosse impedir o ingresso imediato no céu? A ideia de que existiria um lugar destinado especificamente à *purgação* das faltas cometidas, purgação essa que teria como objetivo habilitar a alma a ingressar finalmente no paraíso, foi se delineando aos poucos. E a lenda referente à criação do Dia de Finados ilustra claramente uma das etapas em que se esboça aquilo que Jacques Le Goff descreveu como o processo de "invenção" do purgatório.

Nascimento do purgatório

O livro de Le Goff, *La naissance du purgatoire* (1981), fruto de extensa pesquisa histórica, é insuperável em sua erudição e constitui uma leitura obrigatória para entendermos como se foi elaborando a noção de purgatório, que acabou por se impor no século XIII, quando a própria Igreja alcançou o ápice de sua organização como instituição.

---

ta ao longo da Idade Média" (1994: 42). Por mais que teólogos e filósofos se esforcem, as representações forjadas pelo imaginário social mantêm-se vivas por séculos.

Vários autores dos primórdios do cristianismo são analisados por Le Goff, até chegar a Santo Agostinho (354-430), que parece ter sido o primeiro pensador a evocar claramente a possibilidade de uma etapa intermediária em que os mortos esperariam pelo encaminhamento final. Nas páginas em que se interroga a respeito da morte de sua própria mãe, Santa Mônica, deixa entender que preces poderiam influir no julgamento de Deus e, talvez, abreviar o tempo de espera da alma para entrar no paraíso.

> Foi porque Mônica, apesar dos seus pecados – pois todo ser humano é pecador – mereceu a salvação, que a misericórdia divina se poderá exercer, e que a prece do seu filho será eficaz. Depreende-se da leitura, sem que isso seja dito explicitamente, que a misericórdia divina e os sufrágios dos vivos podem apressar o ingresso dos mortos no paraíso, mas não lhes podem facultar a entrada se tiverem pecado por demais neste mundo. (Le Goff, 1981: 96)

A misericórdia pertence a Deus. Mas é também facultada aos homens a possibilidade de ajudarem os seus mortos, por meio dos sufrágios, ou seja: preces, obras de caridade, oferta do sacrifício da Missa. De nada adiantam, porém, se o defunto levou uma vida execrável, da qual jamais se arrependeu. Para citar o próprio Agostinho:

> Não se pode negar que as almas dos defuntos sejam aliviadas pelas preces dos seus próximos, quando o sacrifício do Mediador é oferecido em nome deles, ou quando esmolas são distribuídas pela Igreja. Mas essas obras servem apenas àqueles que, durante a sua vida, fizeram por merecer que mais tarde lhes pudessem ser úteis. Pois existem homens cuja vida não foi suficientemente boa para poderem dispensar esses sufrágios póstumos, nem suficientemente má para que não lhes pudessem ser úteis. Pelo contrário, há quem viveu bem o bastante para dispensá-los, e outros, que viveram mal o bastante para não se poderem beneficiar [dos sufrágios] após a morte. (Le Goff, 1981: 106)

1. O LUGAR DOS MORTOS NO CRISTIANISMO E O SISTEMA DO PURGATÓRIO

Como ninguém pode saber, de fato, quem foi pecador irremediável, deduz-se que sufrágios são sempre aconselháveis.

De acordo com Le Goff, Santo Agostinho não chegou a estabelecer em que lugar ficaria a alma à espera de sua purificação, nem quanto tempo teria de aguardar para entrar no paraíso. Dois séculos mais tarde, o papa São Gregório Magno lançará as bases concretas daquilo que virá a ser o purgatório. Em seus *Diálogos*, relata vários casos do aparecimento de fantasmas que pedem insistentemente preces e missas em sua intenção, para que deixem de sofrer em consequência dos seus pecados, e que, mais tarde, desaparecem, em sinal de que foram finalmente admitidos junto com os eleitos. Observa Le Goff (1981: 128) que,

> em seu zelo de pastor, Gregório Magno atendera a duas exigências da psicologia coletiva dos fiéis: necessitavam de testemunhos autênticos, devidos a testemunhas dignas de crédito (são geralmente párocos ou frades bem conhecidos), e precisavam de indicações sobre a localização das penas purgatórias. [aplicadas no lugar onde os pecados haviam sido cometidos]

Mais tarde, impor-se-á a ideia de um lugar específico, situado em algum sítio ermo da Terra, vulcão ou gruta. Nesse ponto, a tradição das "viagens fantásticas", vigorosa produção do imaginário medieval, contribuiu para difundir a crença segundo a qual o purgatório não existia apenas como lugar onde as almas iam se depurando dos seus pecados, mas como local que se poderia visitar. Sob determinadas condições, é claro. E a "verdadeira visão do purgatório" acabou assentada, em fins do século XII, graças ao *Purgatorium Sancti Patricii*, texto redigido por volta de 1186, por um cisterciense britânico, Henry de Saltry. Ao que parece, esse relato das andanças e visões do cavaleiro Owein, contemporâneo do reinado de Estêvão (1135-1154), que pagou os seus pecados pela descida em um poço desenhado pelo padroeiro da Irlanda, logrou grande êxito. Logo mais, traduzido em francês pela princesa Marie de France, sob o nome de *L'espurgatoire seint Patrice*, tornou-se um dos clássicos da literatura medieval. A consagração derradeira veio com a descrição, redigida por volta de 1263 pelo dominicano Jacopo da Varazze, em sua *Legenda áurea*:

> Quando de suas pregações na Irlanda, Saint Patrick não conseguia grandes resultados; rogou ao Senhor que lhe desse um sinal que levaria os pecadores assustados a se penitenciarem. De ordem do Senhor, traçou, com seu bastão, um grande círculo no chão; a terra se abriu, e dentro do círculo apareceu um poço enorme e profundo. O Bem-aventurado Patrick teve a revelação [de] que ali estava o purgatório, e [de] que as pessoas que quisessem nele descer não teriam mais de sofrer pelos seus pecados em outro purgatório: que a maioria não sairia, mas que, para sair, as pessoas teriam de permanecer naquele poço durante um dia e uma noite inteiros. (Voragine, 1967, v. 1, p. 246-268)

A narrativa prossegue, contando como, muitos anos depois da morte de Saint Patrick, um nobre cavaleiro chamado Nicolau desceu naquele poço, enfrentou visagens, demônios e cenas de torturas, mas, pela força de orações, conseguiu escapar com a certeza de que, ao morrer, entraria diretamente no paraíso: "Nicolau subiu por onde descera, voltou à terra e narrou tudo o que lhe acontecera. Trinta dias depois (faleceu e) descansou na paz do Senhor."

A inserção dessa lenda na coletânea de Varazze sanciona a representação do purgatório que, doravante, servirá de base para sermões e representações plásticas. O texto reproduz, quase que literalmente, *L'espurgatoire seint Patrice*, mudando apenas o nome do protagonista. O interessante nessas sucessivas transformações e apropriações da lenda – processo comum na elaboração de tantos textos medievais – não foi apenas situar concretamente um lugar a partir do qual seria possível penetrar no purgatório, e, por conseguinte, dar-lhe consistência no campo da realidade; para toda a cristandade, assegurou a existência do purgatório. Mas também legitimou antigos legados irlandeses, de tal modo que, ainda hoje, é possível visitar esse lugar. Basta consultar a Internet, no site <http://www.loughderg.org/>, para descobrir que a pequena ilha de Lough Derg oferece hospedagem para romeiros, em uma "tradição irlandesa que remonta ao século VI". E, no fim de uma longa história de episódios de tolerância e repressão por parte da Igreja, a peregrinação parece ter sido plenamente restaurada.[12]

Em 1920, foi inaugurada uma ampla basílica, que passou a ser frequentada por visitantes ilustres. É bem verdade que o site não fala claramente em uma eventual incursão na gruta do purgatório e prefere focalizar a peregrinação ao "santuário de Saint Patrick". Ao que parece, a penitência atual consiste em uma "vigília" (*the Vigil*) de 24 horas. Mas não podemos deixar de supor que as antigas lendas ainda concorram para a motivação dos romeiros de hoje, quanto mais que a duração da vigília reproduz exatamente a do dia e da noite "inteiros" dos tempos de Varazze.

---

[12] Consulta do site em 19/7/2009. Cabe lembrar que o santo padroeiro da Irlanda viveu no século V (389?-461). De acordo com a "notícia histórica" apresentada pelo site, bastante exaustiva, já existia uma gruta (*cave*) na ilha, "onde se dizia que Saint Patrick costumava rezar", e, no século XII, quando se cristalizam as ideias acerca do purgatório como um *lugar*, monges agostinianos tomam conta da gruta. Em decorrência do êxito do relato da viagem de Owein, tudo deixa supor que as peregrinações vão se multiplicar ao longo dos séculos seguintes. Mas talvez o controle dessas tradições fosse dificultado pela distância de Roma, e, em 1497, o papa Alexandre VI "mandou fechar o purgatório" [*sic*] de Saint Patrick. A repressão ampliou-se nos séculos seguintes, culminando, em 1632, com a supressão da peregrinação e a destruição "de tudo o que havia na ilha". Em 1790, encheram a gruta de entulho, mas, em compensação, foi erguida uma pequena capela. Nada disso parece ter desestimulado o interesse dos peregrinos e, em 1870, o papa Pio IX forneceu-lhes poderoso incentivo, com a concessão *ad perpetuum* de uma indulgência plenária (ver nota 14).

Nessa atribuição de um acesso terreno ao sítio do purgatório, é claro que a Irlanda não foi a única a ser aquinhoada. Outros lugares, de aspecto mais chamativo, mais tenebroso, ofereceram meios de acesso. Os vulcões do sul da Itália, já considerados desde a Antiguidade como "bocas do inferno", foram facilmente integrados nesse empreendimento. Assim é que Le Goff evoca outros tantos textos que, do século VII ao século XIII, o situam geograficamente, ora no Vesúvio, ora nas ilhas Lipari, ora no Etna. Mas, diz ele, a fama "infernal" dos vulcões sicilianos fez com que, ao ganhar concretude, o purgatório tivesse de finalmente se afastar desses lugares por demais celebrados.

> Ainda que, no purgatório, as penas sofridas sejam parecidas com as do inferno, é preciso assegurar a sua própria autonomia e, em primeiro lugar, a autonomia topográfica dentro do sistema geográfico do Além. Na Irlanda, o purgatório de Saint Patrick não sofre a concorrência do inferno. Na Sicília, a grande tradição infernal não permitiu que o purgatório vingasse. O inferno antigo trancou o caminho do jovem purgatório.[13] (Le Goff, 1981: 281)

Talvez seja por isso que, até hoje, peregrinos de toda a cristandade vão expiar os seus pecados em uma pequena ilha do condado de Donegal.

A multiplicação de textos preocupados com uma localização geográfica precisa expressa, na opinião de Le Goff, o estabelecimento de um consenso, quando ocorre a substantivação do adjetivo anteriormente usado. Em fins do século XII, início do século XIII, passou-se da descrição das "penas purgatórias" para a noção de um lugar destinado à purgação, *locus purgatorius*, o purgatório. Essa crença vai se solidificando, acompanhando

---

[13] Mas se pode dizer que o inferno antigo esboçou uma antecipação do purgatório, como vimos na lenda referente a Odilon de Cluny.

1. O LUGAR DOS MORTOS NO CRISTIANISMO E O SISTEMA DO PURGATÓRIO

o grande processo de organização e institucionalização da Igreja católica, marco do século XIII. "O purgatório está envolvido nesse movimento que, ao mesmo tempo, o organiza e controla" (Le Goff, 1981: 319). A especulação escolástica fornece argumentos para a legitimação desse lugar de expiação, e Roma, triunfante, assegura o seu poder sobre este mundo e o Além.

A Igreja, em sentido eclesiástico, tira grande proveito do novo sistema do Além. Gerencia ou controla as orações, as esmolas, as missas, as oferendas de todo tipo feitas pelos vivos em prol dos mortos, e delas se beneficia. Graças ao purgatório, ela desenvolve o sistema das indulgências,[14] fonte de grandes lucros de poder e de dinheiro, antes de virar a arma perigosa que acabará sendo dirigida contra ela. (Le Goff, 1981: 335)

Como se sabe, é precisamente a questão das indulgências que, em séculos ulteriores, dará início a um vergonhoso comércio[15] e desencadeará a rebelião de Lutero. Até hoje, um dos pontos de clara divergência entre protestantismo e catolicismo reside na rejeição, pelos seguidores de Lutero e Calvino, da ideia de purgatório.[16]

---

[14] A concessão de indulgência pela Igreja significa a diminuição do tempo que o pecador terá de sofrer no purgatório, podendo até suprimir por completo esse tempo de provação, no caso da "indulgência plenária". Entre os sufrágios passíveis de ser contemplados por tais indulgências, a doação em dinheiro – de início legitimada pela caridade – acabou transformando-se em importante fonte de arrecadação. Grande parte das belíssimas obras de arte da Renascença italiana foi financiada por esse meio.

[15] "O propósito da indulgência tanto se afastou do sentido original que, em 1482, a universidade de Paris teve de condenar a proposição conforme a qual 'cada alma do purgatório sai voando para o céu, logo que o fiel coloca uma moeda de prata na caixa das esmolas destinadas às reparações da igreja de Saint-Pierre de Saintes'" (Luz, 1960: 306).

[16] "O purgatório e todas as solenidades que com ele se relacionam são simples máscaras do diabo (*mera diaboli larva*)" (Lutero apud *Dictionnaire de théologie catholique*, t. XIII, p. 1.267).

Já no século XIII, vários grupos religiosos se opunham à crença no purgatório. Hereges, é claro,[17] mas também as Igrejas gregas. Sucessivos concílios foram reunidos para unificar a doutrina, culminando com o II Concílio de Lyon, em 1274, que estabeleceu, de uma vez por todas, a existência do purgatório.[18]

Le Goff julga que o "triunfo do purgatório" no plano do dogma foi ponto de partida de uma expansão ainda mais espetacular no campo do imaginário da sociedade medieval, pois produziu um conjunto de representações que ganharam toda a cristandade e, no âmbito do catolicismo, sobreviveram ao longo dos séculos. Aquilo que chama de "sistema do purgatório" tem por consequência uma nova visão do momento da morte:

> há, *in extremis*, a possibilidade de escapar do inferno e de ser apenas condenado ao purgatório, se começamos, pelo menos, a se arrepender. Aos poucos, a *contrição final* torna-se o último recurso para beneficiar-se do purgatório. Parece-me (...) que, desde o século XIII, o destino da alma imortal se decide no momento da morte física, e que o purgatório é uma das causas essenciais dessa dramatização do momento da morte. (Le Goff, 1981: 392; grifos do autor)

E o ponto mais alto dessa dramatização se dará, sem dúvida, na idade barroca, quando, em decorrência da Contrarreforma, será desenvolvida toda uma literatura em torno da "bela morte" de pessoas ilustres, como bem mostrou Michel Vovelle em seu livro sobre as "atitudes coletivas diante da morte nos séculos VII e XVIII" (1974). Julga Vovelle que se devem ao Concílio de Trento – logo depois de se reunir, colocou a questão do purgatório no

---

[17] Por exemplo, os cátaros, que dominicanos e franciscanos foram evangelizar, sustentavam que este mundo é criação do Diabo e, por conseguinte, não pode existir outro inferno no Além e muito menos um purgatório.

[18] Ainda que as Igrejas grega e armênia continuassem mantendo certas reservas, como se viu, mais tarde, no Concílio de Florença, em 1439.

programa dos debates – a "excepcional vitalidade" do dogma do purgatório e a importância dos sufrágios devidos aos falecidos. Como se vê, o "sistema do purgatório" afirma a necessidade de se estabelecerem ligações entre vivos e mortos que, sob o vigilante controle da Igreja, passam a integrar a totalidade dos crentes. E a modalidade institucional desse relacionamento consiste nos sufrágios, isto é, nas oferendas feitas pelos vivos em prol dos mortos.

Os sufrágios

Santo Agostinho, como vimos, afirmou a necessidade de ajudar as almas nem totalmente boas nem totalmente más a alcançar o paraíso. Mas a prática das preces pelos mortos e da oferenda de missas em seu nome já eram costumes antigos. Em 348, São Cirilo de Jerusalém assegurava que "oferecemos o Cristo imolado pelos nossos pecados, no esforço de fazer com que a clemência divina seja tão propícia aos defuntos como a nós", e São João Crisóstomo recomendava: "não hesitemos em socorrer aqueles que se foram, e oferecer preces em prol deles." Santo Epifânio até chega a classificar como herege um autor que julgava inútil a prece pelos mortos, pois "as preces que fazemos lhes são úteis, ainda que elas não extingam os seus pecados". O *Dictionnaire de théologie catholique* (1941, t. XIII: 1.205), no qual encontramos todas essas referências, mostra que os concílios sucessivos, ao elaborar e institucionalizar o sistema do purgatório, mantiveram constante a preocupação com a realização de sufrágios pelas almas dos defuntos.

A palavra *sufrágio* designa o "rogo, por meio de oração ou obra pia, pela alma de morto",[19] ou, como ainda esclarece o referido *Dictionnaire* (t. XIV: 2.735-2.736), o conjunto "das piedosas intervenções dos fiéis vivos, santos sacrifícios da missa, orações,

---

[19] Definição do *Dicionário eletrônico Houaiss*, que informa que a palavra provém do latim medieval "ajuda, socorro".

esmolas e outros ofícios de piedade em benefício de outros fiéis e, particularmente, para alívio e libertação das almas do purgatório". Os sufrágios, por conseguinte, fazem parte das intenções de toda a comunidade católica. "A Igreja inteira reza pelos seus membros, vivos ou falecidos. Estes são os sufrágios 'comuns', assim chamados para distingui-los dos sufrágios 'privados' oferecidos a Deus pelos fiéis em seu próprio nome." A distinção é importante. Quando o devoto oferece uma prece para a alma de um conhecido seu, não o faz de modo individual, mas, ainda que se encontre só naquele momento, ele está atuando como *um* dos elos na corrente das orações proferidas pela Igreja. Fica evidente a dimensão *institucional* dos sufrágios, sublinhada por Le Goff, como componente daquilo que chamou de "sistema" do purgatório.

Mesmo assim, ninguém – "nem mesmo o papa"[20] – pode garantir a eficácia de determinado sufrágio. Só Deus pode perdoar os pecados e livrar as almas do purgatório: "o papel da Igreja consiste unicamente em apresentar a Deus as reparações destinadas ao pagamento das dívidas [dos defuntos]; e este princípio vale para todos os tipos de reparação, inclusive a santa missa" (*Dictionnaire*, t. XIV: 2.735-2.736). Até mesmo as tão faladas indulgências não garantem a libertação das almas em processo de purificação. Trata-se apenas de "uma apresentação a Deus, que é o único a pronunciar a diminuição [da pena] ou a liberação total" (idem).

Vê-se que os sufrágios só fazem sentido e, pode-se até dizer, somente existem dentro do quadro eclesial. A Igreja não se reduz à sua organização institucional, mas é constituída – *Ecclesia* significa "assembleia", em grego – pela totalidade dos seus membros, vivos e mortos, santos ou não, presentes na Terra, no pur-

---

[20] "Já que os defuntos não estão mais sujeitos à jurisdição do papa, não poderiam receber dele sentença alguma" (*Dictionnaire de théologie catholique*).

gatório ou no paraíso, ontem, hoje e amanhã. A representação hierarquizada e vertical da Igreja é substituída por uma estrutura em forma de rede, que abarca todas as dimensões da existência.[21] Nessa perspectiva, preces e sufrágios pelas almas do purgatório tomam feições de um elo ativo de relacionamento entre as malhas da rede. A tal ponto que é também possível dirigir preces em prol das almas para os santos do paraíso. Os santos, por estarem mais perto de Deus, podem mais eficazmente, talvez, intervir a favor delas. Em todo caso, os santos fazem parte dessa rede eclesial e, por conseguinte, são igualmente suportes do fluxo de preces, graças à comunicação que nela circula.

Será dizer, então, que as próprias almas do purgatório, elos também da rede, podem, do mesmo modo, encaminhar súplicas a Deus em seu próprio favor, ou em proveito dos vivos?

Preces às almas ou pelas almas?

Os teólogos medievais, que afirmaram a importância dos sufrágios para a libertação das almas, tomaram posição igualmente clara em relação às preces que porventura lhes possam ser dirigidas. Santo Tomás de Aquino, que dizia "não duvidar que os sufrágios feitos pelos vivos sejam úteis àqueles que no purgatório estão" (*Dictionnaire*, v. XIII: 1.244), era frontalmente oposto a uma eventual devoção às almas. Os pensadores tridentinos e pós-tridentinos também se preocuparam com a questão. A noção de sufrágio se relaciona com a de mérito, e "o caminho do mérito e do demérito se encerra com a morte" (Bellarmin, v. XIII: 1.297). Não se deve, portanto, atribuir algum mérito a

---

[21] "Os bem-aventurados no céu, as almas do purgatório e os viajantes [os vivos], todos pertencem, em graus diversos, à mesma Igreja que peregrina na terra, se 'purifica' no purgatório e, no céu, goza da alegria da visão de Deus" (das conclusões de Vaticano II apud Ancilli, 1983, v. III, p. 224).

qualquer ação desenvolvida pelas almas do purgatório. Em princípio, a simples ideia de as almas rezarem em proveito próprio carece de sentido. "A situação das almas do purgatório não é a mesma que a nossa: seus rogos junto a Deus, em seu próprio favor, seriam contrários à ordem." E Bellarmin (1542-1621) conclui que "rezar ordinariamente às almas do purgatório e pedir a sua intercessão seria *exagerado e supérfluo*" (v. XIII: 1.318; grifos nossos).

Ora, "exagerado e supérfluo" não quer dizer impossível.

Em dezembro de 1889, o papa Leão XIII edita uma "prece indulgenciada" na qual pede às almas que rezem "pelo papa, pela exaltação da santa Igreja, pela paz entre as nações" (Bellarmin, v. XIII: 1.318). Parece que, no fim do século XIX, desenha-se nova tendência. Seria doravante possível, dentro da ortodoxia católica, solicitar a intercessão das almas? Michel Vovelle, no texto de sua extensa pesquisa sobre a evolução das representações do purgatório na Europa meridional, relata que a mãe de Santa Terezinha de Jesus costumava apelar para a ajuda do anjo da guarda da menina e "das almas do purgatório, às quais rezava todo dia" (Vovelle, 1996: 251).

O *Dictionnaire de théologie catholique*, que nos forneceu a maior parte do material referente a sufrágios, aconselha a prudência. Conclui com três pontos que parecem fundamentais:

1. A devoção às almas do purgatório deve permanecer acessória (*très accessoire*). "A devoção verdadeira é rezar *por elas*";
2. Tal devoção "será de ordem exclusivamente *privada*";
3. Deverá "acompanhar-se de *maior circunspecção* do que a prece dirigida a Deus e aos santos do paraíso" (v. XIV: 1.318; grifos dos autores).

No início do seu tratado sobre o nascimento do purgatório, Le Goff (1981: 69) cita uma "feliz fórmula" de Salomão Rei-

1. O LUGAR DOS MORTOS NO CRISTIANISMO E O SISTEMA DO PURGATÓRIO

nach, segundo a qual "os pagãos rezavam aos mortos, enquanto os cristãos rezavam pelos mortos". Nossa incursão pela história dos sufrágios revela que não é bem assim. Rejeitada pelos teólogos medievais, a devoção às almas acaba sendo tolerada na idade contemporânea. No nível da mais estrita ortodoxia, só pode se realizar em caráter exclusivamente privado. Ora, o adjetivo "privado" é exatamente aquilo que define todas as manifestações das chamadas *devoções populares*.

A noção de "devoção popular" ou de "catolicismo popular" já foi objeto de debates entre os sociólogos brasileiros especializados na área religiosa. Pedro A. Ribeiro de Oliveira (1970), que dedicou a sua tese de doutoramento à questão, propôs o abandono da noção em proveito daquilo que chama de "catolicismo privatizado", ou seja, as modalidades pelas quais cada devoto se relaciona com o sagrado. É, por assim dizer, um conjunto de práticas personalizadas, sob medida, que o devoto aprendeu a manejar, geralmente no âmbito do próprio núcleo familiar, e cuja eficácia o testemunho dos mais velhos garante o valor. E, por mais que a Igreja mantenha sérias restrições em relação a essas práticas, o fato é que, pragmaticamente, as tolera. Quanto mais que esses hábitos antigos não são apanágios do "povo", mas podem ser observados em todos os níveis da sociedade brasileira.

A pesquisa de campo, da qual falaremos a seguir, demonstra que, no Brasil, *todos* recorrem à intercessão das almas do purgatório para solucionar os mais variados problemas. Isso não impede, é claro, que preces *pelas almas* também sejam o preceito.

2. AS ALMAS NO BRASIL: DO DEVER À DEVOÇÃO

"A preocupação com a salvação da alma é flagrante nos *Compromissos*, livros de *Termos* e de *Certidão de Missas, Receita e Despesa* das irmandades do período colonial", escreve Adalgisa Campos, autora de um estudo sobre devoção nas Minas Gerais setecentistas, sublinhando que esta era a questão "dominante no tocante às numerosas irmandades cujo patrono era o Glorioso Arcanjo São Miguel e Almas" (Campos, 1997: 283).[22] Várias delas chegaram, inclusive, a arrecadar significativas quantias por meio das contribuições recolhidas durante a celebração de missas em sufrágio das almas do purgatório, na chamada "Bacia das Almas", já que, "segundo a mentalidade da época, o alívio das penas e o encurtamento da estada no purgatório dependeram bastante das andanças desse pratinho de prata entre os devotos da freguesia" (Campos, 1997: 287).[23]

A criação dessas irmandades repetia o que já existia em Portugal, onde a "Confraria das Almas" era numericamente importante (Scarano, 1978: 26). Em todo o Mediterrâneo, aliás, o Arcanjo São Miguel havia sido associado à salvação das almas, já

---

[22] A partir de levantamentos realizados por vários historiadores, chega ao total de 42 as irmandades presentes na Capitania das Minas, no século XVIII.

[23] Vovelle (1996: 48) mostra que o uso dessa bacia se expandiu a partir da cidade de Avignon, onde então residiam os papas, e chega a reconstituir o mapa dessa difusão na Europa meridional nos anos 1330.

que lhe cabia pesá-las para permitir – ou não – o ingresso no paraíso na hora do Juízo Final. Le Goff (1981) e Delumeau (2000) observaram que o destaque atribuído ao purgatório no panorama da salvação de certa forma colocou o tema do Juízo Final em segundo plano, na percepção dos devotos. Desse modo, São Miguel assumiu a função de guia das almas, ajudando-as a saírem do purgatório e defendendo-as da avidez dos demônios.[24] E a noite que antecede o dia da festa do Arcanjo, 29 de setembro, se tornou uma das datas privilegiadas da libertação das almas que haviam concluído o seu tempo de "purgação".

A mesma finalidade havia sido atribuída à noite da celebração de Todos os Santos, e, a partir do "triunfo do purgatório", todo um calendário foi se organizando, para reger as relações entre vivos e mortos. Uma tradição surgiu, segundo a qual "tais como os vivos, os mortos obedeciam ao ritmo da semana e, no sétimo dia, era-lhes permitido um descanso (...), e já que voltavam para as torturas durante a noite do domingo para a segunda-feira, preces especiais deveriam ser rezadas em prol deles naquele momento" (Schmidt, 1984: 203). No fim do século XIII, essa observância ganhara toda a cristandade: a segunda-feira seria o dia consagrado às almas do purgatório, com a realização de procissão no cemitério, bênção das sepulturas e celebração de missas para os falecidos.

Nas Minas Gerais, havia também uma "capelania específica, decorrente do *rendimento da bacia das almas*, ou seja, *a capelania das segundas-feiras*, em intenção das almas 'anônimas' do purgatório" (Campos, 1997: 292; grifos da autora). E na semana

---

[24] O Arcanjo, na verdade, parece ser o protetor de *todas* as almas, dos vivos e dos mortos, conforme as lembranças de Hildegardes Vianna (1979: 176): "Quem destrancava a porta, em caso de emergência, mas fora de hora, sem primeiro invocar o patrocínio de São Miguel Arcanjo, defensor das almas contra os perigos do demônio?"

2. AS ALMAS NO BRASIL: DO DEVER À DEVOÇÃO

seguinte ao 1º de novembro celebrava-se o "*oitavário dos defuntos*, cujo ofício envolvia um número maior de sacerdotes e era finalizado com uma procissão em intenção, indistintamente, de todas as almas do purgatório" (Campos, 1997: 294).

É claro que essas devoções não se restringiam às Minas, nem tampouco à Bahia, onde João José Reis (1991) descreveu costumes semelhantes, mas ganharam todo o Brasil. No Rio de Janeiro oitocentista, Morais Filho (1967: 311) notou que, na véspera do Dia de Finados,

> um povo estranho, de calça curta e estreita, de barba rapada ou à inglesa, de opa verde, vara e pequena bacia de prata, afrontava os transeuntes, entrava pelos corredores, batia nas rótulas, implorando, com acentuação pausada e reverente:
>
> – Pra missa das almas! (...) As almas santas lhe ajudem; dizia o figurão da irmandade de S. Miguel e Almas (...). E todos os sinos dobravam, pedindo sufrágios pelos mortos, ao passo que imenso povo, vestido de luto, desfilava tão pesaroso...

Interessante é que parece haver certa ambiguidade nessa solicitação de sufrágios em forma de esmola. A irmandade pede pela "missa das almas", mas, em retorno, alguma ajuda é quase prometida aos devotos em nome das "almas santas". Além disso, a pequena bacia de prata recebia oferendas de todo tipo:

> os meninos e as moças, os velhos e os rapazes, davam esmolas em dinheiro, enquanto o escravo de quitanda ou de ganho fazia diante do irmão das almas leve genuflexão, antes de depor sobre a bacia reluzente um ovo, uma banana, uma laranja, ou uma moeda de dez réis. (Morais Filho, 1967).

Supõe-se que a esmola em dinheiro se destinava ao pagamento das missas, mas o que dizer da oferta de comidas? Que tipo de fome se propunha aplacar, e de quem? Hoje, ainda, costumam-se encontrar, nos grandes "queimadores" das igrejas, onde são acesas velas em prol das almas, os mesmíssimos donativos, e alguns dos devotos entrevistados evocam almas famintas, as mais perigosas... Pierre Verger (1981: 64), em sua descrição dos costumes baianos de outrora, assinala que "os diversos livreiros da Bahia, sobretudo durante a quaresma e a semana santa, colocam à disposição de sua clientela diversos 'livros místicos'", entre os quais certo *Banquete espiritual voluntário e gratuito, em favor das almas do purgatório*, da autoria de um Frei Bartolomeu dos Mártires. É provável que, no Rio de Janeiro, textos semelhantes fossem propostos. Mas a pesquisa de campo revela que o banquete deixaria de ser apenas espiritual para servir a propósitos no mínimo estranhos.

No interior da França, o mesmo deslizamento pode ser observado em relação a antigos costumes referentes à véspera do Dia de Finados. "A graça divina autorizava uma trégua, e almas podiam deixar o lugar de sofrimento e *assistir* a um banquete" (Olivier, 1995: 53; grifo nosso). O termo utilizado – assistir, em vez de "tomar parte" – sugere que as almas não poderiam ter acesso às iguarias. Mas o mesmo autor relata que, naquela noite, na Bretanha, deixavam-se "panquecas, sidra e coalhada na mesa" para as almas do purgatório, junto com um fogo aceso na lareira.[25] Como se vê, os "elementos não cristãos" que a Igreja tentou combater nos primeiros séculos do cristianismo continuam bem vivazes, e os achados de nossa pesquisa, realizada no início do terceiro milênio, não deixam dúvidas a esse respeito. De tal modo que, apesar das recomendações eclesiásticas, sufrágios em favor das almas e culto das almas continuam misturando-se e muitas vezes se confundem.

[25] Em seu estudo sobre "religiosidade negra e Inquisição portuguesa", Calainho (2008: 85) atribui aos bantos a origem da tradição de "'pôr a mesa às almas' – termo corrente nos processos inquisitoriais – normalmente em caminhos ou encruzilhadas, alimentando-as com pão, bolos, queijo, mel, água e vinho". Mas parece tratar-se de práticas encontradas em toda parte, inclusive na Europa.

2. AS ALMAS NO BRASIL: DO DEVER À DEVOÇÃO

Essa coexistência de sobrevivências pagãs e de práticas incentivadas pela Igreja não deve ser tomada como algo necessariamente negativo. Um belíssimo exemplo nos é fornecido pelos trabalhos de pesquisadores afeitos ao estudo da religiosidade "popular" no interior de Minas: mostram que preces às almas e pelas almas não se opõem, mas podem constituir vertentes complementares dos mistérios da vida e da morte.

Logo no primeiro dia da quaresma, ao entardecer, o grupo de crentes envoltos em lençóis brancos – que os imunizam dos ataques das almas danadas, porque tornaram-se invisíveis e, como as almas não têm costas, não podem olhar o que acontece lá por detrás – reúne-se numa encruzilhada em forma de cruz (a forma de T não serve), e assim que anoitece, o grupo parte e vai parando defronte a um número ímpar de casas – em geral sete – e canta pedindo orações para as almas sofredoras, e assim a obrigação vai até o amanhecer. (Xidieh, 1972 apud Paniago, 1988: 50)

O grupo é formado por sete penitentes, que se comprometeram a cumprir essa obrigação durante sete anos. Detêm-se diante das casas e pedem que as pessoas apaguem as luzes e se preparem para a oração, entoando a seguir o "canto melancólico e profundo acompanhado por gritos e gemidos:

Alerta, alerta, pecadores / acordai quem está dormindo / veja lá que Deus não dorme / nós também não dormiremos / veja lá que a morte é certa / temos que rezar pras almas / reza lá um Padre-Nosso / junto com uma Ave-Maria / pras almas do purgatório / reza pelo amor de Deus. (Xidieh, 1972 apud Paniago, 1988)

Essa oração, com poucas variantes, é encontrada em todos os locais. Ao que parece, veio em linha direta de Portugal. Em 1948, M. e J. Dias recolheram em Gatão, região de Amarante, um canto que há de ser "repetido várias vezes, e bastante alto, porque deve ser ouvido em sete freguesias": "Alerta, alerta / a vida é curta, a morte certa / rezem um Padre-Nosso com uma Ave-Maria / por as almas do purgatório / e é bem certo!" (Dias; Dias, 1953: 11).

Recentemente, Miguel Mahfoud realizou uma pesquisa em Morro Vermelho, uma comunidade de Caeté, Minas Gerais, que põe em evidência a necessidade de os vivos se relacionarem com os mortos, seus predecessores no caminho do mistério: o participante, "tendo-se feito suplicante pelas almas, desperta-se suplicante pelo destino da própria vida" (Mahfoud, 1999: 67).

Para os moradores de Morro Vermelho, o tempo da quaresma parece ser sinônimo de liminaridade, e sabemos, desde Mary Douglas (1976), que, nas margens, circulam todos os tipos de poderes, benéficos e maléficos. "Todos estão atentos às particularidades desse tempo: mais orações são necessárias para enfrentar a luta que se trava mais intensa entre o divino e o maligno" (Mahfoud, 1999: 59). Coisas esquisitas acontecem: bichos incomuns e pessoas estranhas passam pelo vilarejo, aparecem e desaparecem subitamente... A quaresma "é o momento em que o mundo das almas do purgatório, inacessível a nós ainda mortais, toca o nosso mundo de sempre" (Mahfoud, 1999).

As modalidades da obrigação parecem menos estritas do que no tempo descrito por Xidieh:

> as escolhas são oportunidade de personalização daquele gesto tão bem prescrito: pode-se escolher entre cinco modalidades de canto, entre sete ou nove paradas ao longo do percurso, pode-se escolher ao lado de quem estar quando se forma o coro a cada parada (...) [mas se mantém] a noção de um conhecimento a ser respeitado e de uma eficácia a ser preservada; mantém a noção de mistério do gesto: deve-se participar com silêncio e respeito; uma vez iniciado, quem participa do cortejo não pode abandonar a celebração por motivo algum; deve-se manter sempre o mesmo lugar no círculo-coro. (Mahfoud, 1999: 59)

Esses cuidados, típicos dos rituais em situações liminares, protegem os participantes dos perigos das margens, ao mesmo tempo em que abrem os limites do mundo e do Além. Pois

> Deus permite que algumas almas acompanhem o cortejo-cantante pelas ruas do vilarejo, participando da súplica por orações e se beneficiando delas (...) dentro das casas, ou caminhando pelas ruas, os sinais da natureza (barulho, vento, sombras...) ou os próprios sentimentos (medo, agonia, inquietação, preocupação com alguém) são interpretados como efeito da ação das almas presentes. (Mahfoud, 1999: 59)

Esse belíssimo texto de Mahfoud nos ajuda a entender que não se pode opor, como categorias intransponíveis, rezas pelas almas e rezas às almas. Mundo dos vivos e mundo dos mortos são, ambos, parte do mistério.

As orações recolhidas no Rio de Janeiro

Nos bancos das igrejas do Centro, já frequentadas pela nossa equipe na ocasião da primeira pesquisa – dedicada aos santos nelas cultuados e aos seus devotos –, recolhemos textos de todo tipo, folhetos com *imprimatur* da Cúria Metropolitana, papéis toscamente datilografados e xerocados, e também folhas escritas à mão.

O mais extenso, datilografado, sem indicação de origem, intitula-se *Pai-Nosso das Almas do Purgatório* e é precedido por uma introdução atribuindo a oração à inspiração de "Santa Mechtilde" (ou Matilde) no século XIII:

> Um dia em que a Santa havia acabado de comungar e oferecer a Deus a Hóstia Preciosíssima, a fim de que Ela servisse para a libertação das almas do Purgatório, com a remissão de seus pecados e a reparação de suas negligências, ouviu o Senhor dizer-lhe: "Reze por elas um Pai-Nosso em união com a intenção que eu tive, ao tirá-lo do Meu Coração, a fim de ensiná-lo aos

homens." Ao mesmo tempo, a inspiração Divina desvendou à Santa as intenções.

E quando Santa Mechtilde acabou de rezar o Pai-Nosso nessas intenções, ela viu uma grande multidão de almas, rendendo graças a Deus pela sua libertação do Purgatório, numa alegria extrema. A cada vez que a Santa rezava essa oração, via uma legião de almas subindo para o Céu.

O pedido da récita desta oração foi repetido a uma senhora suíça em 1968, no Santuário Mariano de Eiseniendeln.

De acordo com o site <http://www.santibeati.it/>, do Vaticano, amiúde consultado por mim ao longo de nossas pesquisas hagiográficas, Santa Matilde de Heckeborn (1241-1298) viveu de fato naquele século que assistiu ao "triunfo do purgatório". Pertencente a uma nobre família aparentada ao imperador Federico II, ingressou em um convento, onde experimentou várias vivências místicas, das quais resultou o *Livro das Graças Especiais*, que parece ter sido amplamente divulgado e apreciado. Os autores da nota[26] enfatizam a sua devoção ao Sagrado Coração, bem como os seus dotes como cantora de hinos sagrados, mas nada dizem a respeito de uma eventual visão das almas do purgatório, nem daquela oração, aqui apresentada com tanto empenho legitimador.[27]

O texto recolhido por nossa equipe prossegue com a advertência de que se trata de uma versão abreviada, na qual cada fra-

---

[26] Consulta em 20/7/2010.

[27] Tampouco foi possível localizar a cidade de Einsiendeln, cuja grafia parece equivocada. A citação de uma "senhora suíça", tal como a insistência no uso do nome "Mechtilde" em vez da sua versão em português, remete a clichês fartamente encontrados em nossa pesquisa nas lendas e nas orações ou "correntes", quando sua atribuição a pessoas e lugares supostamente exóticos parece acrescentar-lhes maior eficácia mágica. O exemplo mais chamativo desse processo talvez seja a divulgação, no início deste século XXI, da devoção a um "quadro milagroso encontrado na Alemanha" [sic], que redundou na criação da hoje famosa Nossa Senhora Desatadora dos Nós (cf. Augras, 2004).

se do Pai-Nosso é destacada, em caixa-alta, e seguida por um pedido especial de perdão, alusivo aos pecados cometidos em vida pelos defuntos: negligência, omissão, desobediência, sedução pelas tentações etc.[28] E conclui rogando que, em virtude dos méritos de Cristo, sejam os suplicantes conduzidos, "assim como as almas do Purgatório, ao Reino da Glória".

O *Terço das Almas*, com a chancela da Cúria, também roga, a cada *Mistério*, que Jesus derrame as "riquezas de [Sua] infinita misericórdia" sobre "as almas de todos os fiéis defuntos". Não há, porém, referência alguma ao purgatório. Outros textos, *Oração pelas Almas*, *A Nossa Senhora da Consolação pelas Almas* ou ainda *Novena das Almas*, são mais explícitos: "Ó Pai das misericórdias, Deus de infinita bondade, humildemente nós rogamos tenhais piedade das almas santas que estão no purgatório..." "Ó Mãe compassiva da consolação, olhai, vos rogo, para as benditas almas do purgatório..." "Ó Senhor meu Jesus Cristo, eu Vos rogo que não permitais que minha alma entre naquelas infernais prisões e escuros cárceres..."

Ainda que se intitule *Novena das Almas*, esse último texto é redigido em termos individualizados: o suplicante fala em nome próprio, pedindo que ele, pecador, seja objeto da divina misericórdia. Nada nesse folheto de quatro páginas, publicado "com aprovação eclesiástica" e editado pela igreja da Lampadosa, alude à multidão das almas sofredoras. Aqui, o devoto talvez seja considerado como um elemento representativo de todos os pecadores e solicitantes. Rezar em nome próprio é também orar por toda a comunidade dos crentes.

Outro texto, que proclama a infinita *Chama de Amor do Coração Imaculado de Maria*, assegura que suas graças se der-

---

[28] É também assumidamente atualizada, já que inclui um trecho "pelas almas dos protestantes que rejeitaram o Augusto Sacramento [da Eucaristia], e agora lamentam no meio das chamas", além de, como vimos, recusarem a crença no purgatório.

ramam "sobre as almas do mundo inteiro (...) [e] estendem-se também aos moribundos e às Pobres Almas do Purgatório". E especifica várias modalidades de sufrágios – jejum rigoroso a pão e água, em uma segunda-feira, ou rezar três Ave-Marias – que garantam, a cada vez, a libertação de uma alma do purgatório. Nada mais fiel à ortodoxia.

Mas, junto com esse folheto, encontramos outro, ao que parece, da mesma lavra, que cita ninguém menos que Santo Agostinho para insinuar que as almas do purgatório podem ser de alguma valia para ajudar os devotos:

> Nós, com os nossos sufrágios e, principalmente, com as orações recomendadas pela Igreja, bem podemos auxiliar aquelas santas almas. Se algum de nós obtiver, com suas orações, a salvação de uma alma do purgatório e a sua entrada no céu, essa alma dirá a Deus: "Senhor, não permitais se perca quem me livrou das chamas do purgatório." Santo Agostinho já dizia que, quem nesta vida mais socorrer as almas do purgatório, Deus fará com que seja também socorrido por outro, quando estiver lá no meio daquelas chamas.

Não foi bem essa a lembrança que nos ficou de Santo Agostinho. Mas é um folheto intitulado *Devoção às Almas do Purgatório* que dá o passo decisivo. Começa com uma prece que pede a compaixão divina pelas "pobres almas que sofrem no Purgatório e mim, mísera pecadora! (*sic*)" e instrui o solicitante a repetir *50 vezes*: "Dai-lhes, senhor, o descanso eterno, e a luz perpétua as alumie." O texto prossegue: "Almas santas, que deste mundo fostes ao Purgatório e sois esperadas no céu, rogai por mim, e *pedi todas as graças que me são necessárias*" (grifos nossos).

O texto ainda se mantém em nível espiritual, o que não acontecerá com pedidos de "graças" bem terrenas que logo mais encontraremos. Aqui, porém, se passa das "pobres almas que sofrem" às que ainda estão no purgatório, mas já estão "esperadas no céu" e, virando "almas santas", vão pedir pela "mísera pecadora". Há nisso um deslizamento que vai permitir que, doravante, se instale a confusão entre "almas santas" – a multidão dos santos anônimos presentes no paraíso – e "almas que sofrem no purgatório". Surge então a *Novena das Almas Aflitas que Sofrem no Purgatório*:

> Esta novena é rezada somente às segundas-feiras. Toda vez que for à igreja, levar 9 (nove) cópias desta novena e acender uma vela.
>
> E Vós, almas aflitas, ide perante Deus e peça a Graça que necessita (Fazer o pedido oferecendo às Almas Aflitas).
>
> Pai eterno vós ofereço o sangue de Nosso Senhor Jesus Cristo, intercedei por eles (*sic*):
>
> FAZER O PEDIDO.
>
> Rezar: 1 Pai-Nosso – 1 Ave-Maria e 1 Glória ao Pai.
>
> Quem tiver fé nas almas aflitas verá sua graça alcançada antes de terminar a novena
>
> É TÃO GRANDE A GRAÇA QUE JÁ NA 3ª SEGUNDA-FEIRA TERÁS TUA GRAÇA ALCANÇADA. (reproduzida *ipsis litteris*)

Aqui, os aspectos mágicos são evidentes: os números cabalísticos (nove vezes nove, o terceiro dia), o uso da caixa-alta para ressaltar a eficácia da novena, além do pouco-caso tipográfico com as preces mais sagradas do catolicismo.

Com o texto mais famoso e mais frequentemente encontrado nas igrejas,[29] o da *Oração das 13 Almas Benditas*, entramos francamente no discurso mágico:

> Oh! Minhas Almas Benditas, Sabidas e Entendidas, *eu vos peço pelo amor de Deus, atendei o meu pedido (...). Peço-vos atendei o meu pedido e me livreis dos males e dai-me sorte na vida. Cegue os meus inimigos, que os olhos do mal não me vejam, cortai*

---

[29] Ao todo, só recolhemos cinco exemplares das orações mais "ortodoxas", contra quarenta das demais, que incluíam nove textos diferentes.

as forças dos meus inimigos. Minhas almas Benditas, Sabidas e Entendidas, se me fizerem alcançar estas graças (pede[m]-se as graças)... *Ficarei devoto a vós, mandarei imprimir 01 milheiro desta oração mandando também rezar uma missa.*
Reza[m]-se 13 Pai-Nosso[s], 13 Ave-Maria[s], durante 13 dias. (grifos nossos)

A repetição do número 13, que, por vezes, é considerado agourento, mas, talvez por isso mesmo, muito poderoso, substitui o nove, santificado, por assim dizer, pelo uso ritual da novena.[30] A "graça" é, na verdade, um pedido, que se acompanha da clássica ameaça aos inimigos, e a promessa retoma a temática do milheiro – bem divulgada a favor da distribuição dos "santinhos" de Santo Expedito (Augras, 2004) – na mecânica mágica do *do ut des* (toma lá, dá cá).

Por fim, o texto que melhor afirma o grande poder das almas, e que também põe em evidência um claro processo de identificação do devoto com elas, é a extensa *Oração às Almas*, recolhida na igreja do Terço e na da Lampadosa: "Oh! Almas! Oh! Almas! Oh! Almas santas, benditas, milagrosas e abençoadas das Três Pessoas da Santíssima Trindade, almas das pessoas que morreram queimadas, afogadas, enforcadas, *vós fostes como eu; serei como vós*" (grifos nossos).

É notável que a identificação – "vós fostes como eu" – se dê ao designar pessoas que morreram "queimadas, afogadas, enforcadas"...

No decorrer da oração, "almas santas" e "almas sofredoras" se confundem:

> Oh! Almas benditas, fazei o meu pedido. (...) Oh! Almas aflitas do purgatório, rogai por mim e realizai o meu pedido (...). Mi-

---

[30] Ainda que Mário de Andrade (1963: 122) tenha recolhido, em Natal, certa *Oração das nove almas sofredoras* – três que morreram afogadas, três que morreram queimadas, três que morreram arrastadas por mal de amores – que ameaça com os piores castigos um namorado recalcitrante.

2. AS ALMAS NO BRASIL: DO DEVER À DEVOÇÃO

nhas almas benditas que vos peço pela hora em que nascestes, pelo Senhor que adorais, pelas penas do purgatório em que estais, venham em meu socorro... valei-me na aflição em que me acho...

Os sofrimentos de Cristo e da Virgem Maria são igualmente evocados. Será o padecimento aquilo que une os homens vivos com os mortos e os santos?

Todos se parecem, todos são irmãos, porque todos sofrem ou já sofreram. No texto das orações dirigidas às "almas", a afirmação do padecimento é reiterada na perspectiva cristã do perdão e da salvação:

> Oh! Almas benditas, santas, principalmente as que morreram afogadas, queimadas, enforcadas, abandonadas, aflitíssimas, eu vos peço pelas Dores e Amarguras que Maria Santíssima sofreu no mundo [descreve], alcançai-me a graça que vos peço... (...) Esclarecei minha consciência, iluminai-me com a luz celestial a fim de que conheça todas as faltas e suas malícias. Amém.

A enumeração dos padecimentos das almas – afogadas, queimadas, enforcadas – e de suas qualidades – benditas, sabidas, entendidas – sugere como que uma espécie de tipologia, que as distinguiria conforme as circunstâncias da morte (primeiro caso) e, talvez, o *status* alcançado no Além. Em sua dissertação de mestrado, Maria de Cascia Frade (1987: 92) levanta diversas categorias, a partir de sua pesquisa de campo no cemitério São João Batista.[31] Haveria almas:

– benditas ("eleitas, iluminadas");
– cativas ("de escravos que sofreram no cativeiro");
– abandonadas ("de pessoas que não tiveram ninguém por elas, como os mendigos");
– aflitas ("aquelas que tiveram morte violenta, inesperada").

---

[31] Ver, adiante, no capítulo "Defuntos milagreiros".

Vê-se que, nessa categorização, mais que ao *status* eventual das almas, referente ao lugar onde hoje se encontram – supõe-se que "almas iluminadas" já estejam no céu –, o critério parece corresponder ao tipo de vida que as pessoas tiveram. As almas dos escravos são chamadas de "cativas", enquanto, do ponto de vista do dogma, nada autoriza a pensar que não tenham sido libertadas pela morte, afinal. Do mesmo modo, almas "abandonadas" são de mendigos, dos quais se poderia esperar que tivessem encontrado algum aconchego no Além! Categorias socialmente desvalorizadas continuam carregando o peso do descaso até na morte: expressão de uma sociedade profundamente desigual.

Na visão dos informantes de Maria de Cascia Frade, essas diversas categorias remetem a certa especialização no atendimento dos pedidos. Para problemas que requerem uma solução rápida, as almas aflitas seriam as mais indicadas. Para questões de dinheiro, seria preciso recorrer às almas benditas, enquanto as abandonadas se especializariam em dar proteção. À hierarquização das almas parecem corresponder níveis diferentes de eficácia. Mas algum tipo de identificação também se desenha: a "aflição" das almas, que garante o atendimento rápido do pedido, responde à aflição do devoto. Na observação de campo, tivemos frequentemente a impressão de que, a cada passo, surgem categorias novas de almas especializadas, ao sabor da necessidade do devoto. Assim é que, na igreja da Lampadosa, muitíssimo concorrida nas segundas-feiras, como veremos a seguir, recolhemos um bilhete manuscrito com os seguintes dizeres:

Novena das Almas Apressadas

Minhas Almas Apressadas, assim como vós estais apressadas a fim de ir para o Reino da Glória, eu estou apressada(o) para receber a graça (fazer o pedido).

2. AS ALMAS NO BRASIL: DO DEVER À DEVOÇÃO

Rezar 1 Pai-Nosso, 1 Ave-Maria, 1 Glória ao Pai, acender 1 vela durante 9 segundas-feiras, sendo 1 em cada segunda-feira.

OBS: Não pode falhar.

Para um projeto de pesquisa intitulado *Socorro urgente: das almas benditas aos santos da crise*, era tudo de que nossa equipe necessitava para legitimar os seus trabalhos.

A segunda-feira das almas

A alocação de um dia especialmente destinado aos sufrágios em prol das almas do purgatório, como vimos, vem de uma tradição bem antiga, atestada por autores clássicos da Idade Média europeia. Já no século XI, Raul Glaber e Pierre Damien recomendavam a realização de missas e procissões nos cemitérios, com bênção dos túmulos, às segundas-feiras, no intuito de ajudar os pobres mortos a aguentarem a volta das torturas, depois do descanso do domingo.[32] E aqui, no Brasil colonial, irmandades e capelanias se encarregaram de zelar pela manutenção dessa sagrada incumbência.

Nas igrejas do Rio de Janeiro frequentadas por nossa equipe, toda segunda-feira é dia de missa em sufrágio das pessoas falecidas. Parentes e amigos inscrevem os nomes dos finados em cadernos reservados para esse uso e pagam quantias geralmente bem modestas para cada missa. Mas a prática devocional mais

---

[32] Ao que parece, não apenas as almas do purgatório, mas também os condenados ao inferno, tinham direito ao descanso dominical. No célebre relato das viagens de São Brandão, aparece Judas Iscariotes, acorrentado em uma ilhota. Ele descreve os seus sofrimentos – há tipos diferentes de torturas conforme o dia –, mas, diz, "no domingo fico aqui onde posso me refrescar". Georges Minois (1994: 60), que cita o texto, acrescenta que "a ideia do descanso semanal é também encontrada na Itália, onde, no século XI, veem-se horrendos pássaros pretos levantando voo – são as almas dos danados que se vão descansar".

comum, que, por assim dizer, dispensa a intermediação do padre, é a de acender velas em bancadas especialmente construídas para esse fim, sejam prateleiras de alvenaria em volta de um local específico – como na igreja de Nossa Senhora do Rosário e de São Benedito dos Homens Pretos – ou, mais simplesmente, em suportes de metal de formatos diversos. Na falta de um termo mais preciso, resolvemos chamar a todos de "queimadores".

Há queimadores na maioria das igrejas da cidade. Alguns chamam a atenção dos transeuntes pelo tamanho e pelo número de velas acesas. É esse o caso da igreja de Santa Terezinha do Menino Jesus, perto do Túnel Novo. Outros, igualmente situados fora da edificação, escondem-se em uma área recuada, como, por exemplo, o da igreja de Nossa Senhora da Paz, em Ipanema, que ainda regula o tipo de vela a ser usado.[33] Mas as igrejas mais antigas do centro do Rio de Janeiro abrigam os respectivos queimadores dentro de uma capela destinada para isso, como a do Rosário, já citada, ou a de Nossa Senhora da Lampadosa. Ambas recebem grande número de devotos às segundas-feiras e, nesta última, o ambiente costuma ser bastante impressionante, a ponto de despertar emoções contraditórias em vários membros de nossa equipe. Por isso mesmo, a Lampadosa tornou-se o ponto focal da pesquisa quando, diante do grande cruzeiro consagrado às "almas dos cativos", o queimador se transforma em imenso braseiro.

Desde a pesquisa anterior, sobre os santos e seus devotos, nossa equipe era frequentadora assídua de várias igrejas do centro da cidade: N. S. do Rosário, N. S. da Lampadosa, Santo Elesbão e Santa Ifigênia, N. S. da Conceição e Boa Morte, N. S. do

---

[33] Ainda que sugira preocupações com a eventualidade de incêndios, o cartaz parece subentender algum tipo de reserva de mercado: "Por motivo de segurança só é permitido acender velas padronizadas pela Igreja. Informações na portaria do edifício São Francisco." Esse aviso, colocado junto à "gruta" de N. S. de Lurdes, perto da qual está situado o queimador, não deixa claro se as velas se destinam à santa ou às almas.

2. AS ALMAS NO BRASIL: DO DEVER À DEVOÇÃO

Terço, São Gonçalo Garcia e São Jorge, São Francisco de Paula, Santíssimo Sacramento, Santa Rita... Entre essas, as que se revelaram mais ostensivamente implicadas com a devoção às almas haviam sido fundadas por irmandades de negros. A do Rosário, instituída "antes de 1639" (Macedo, 1966: 400), em 1700 deu início à edificação, na margem externa da Vala (hoje rua Uruguaiana), da igreja destinada aos negros de Angola e Congo. Nos séculos seguintes, era de lá que saíam as congadas em procissões. Hoje a igreja é bastante simples, tendo sido reconstruída após o grande incêndio de 1967, mas a "missa de compromisso" da irmandade continua sendo realizada com numeroso comparecimento. A da Lampadosa, erguida em 1748, pertencia a uma irmandade de mulatos, e, diz Nina Rodrigues (1900: 117, n. 1), "se tornara a necrópole nobre dos africanos da cidade", cujas cerimônias foram retratadas por Debret. A igreja de Santo Elesbão e Santa Ifigênia data também do século XVIII, tendo sido fundada em 1754 por uma irmandade de "pretos, uns forros e outros cativos, que aceitava a todos, menos os de Angola" (Gerson, 2000: 56). O destaque da devoção às almas, com grande comparecimento de público, talvez se deva a um dos motivos do ingresso de escravos e forros em irmandades: o de assegurar-lhes um enterro decente, como se verá mais adiante. Em todo caso, são as que, até hoje, estão visivelmente mais envolvidas no culto das segundas-feiras. Por isso, aparecerão aqui com mais destaque.

É claro que, até por facilidade de acesso, nossos estudantes não deixaram de investigar as igrejas da zona sul, onde a maioria reside: N. S. de Copacabana, e N. S. da Paz, em Ipanema, principalmente, sem falar da igreja de Santa Terezinha, em Botafogo. Na verdade, costumávamos entrar em todas as igrejas com que deparávamos em nossas andanças pela cidade do Rio de Janeiro. Assim, vimos que, em todo lugar, acendem-se velas para as almas.

Essa tradição é tão antiga quanto a crença na vida depois da morte. Em seu livro sobre o imaginário despertado pela visão da chama de uma vela, Gaston Bachelard (1996) assegura que a contemplação dela leva o observador a voltar para um tempo arcaico, "o passado dos primeiros fogos no mundo". Evoca a função purificadora do fogo e encontra, na verticalidade da chama, uma metáfora do espírito que se eleva para o céu.

Bartolomeu Tito Medeiros (1995: 100), que dedicou parte de sua tese de doutoramento a depoimentos recolhidos no cemitério São João Batista em Dia de Finados, mostra bem a dupla função da devoção às almas: acender vela "*é bom para as almas, por isso, eu acendo*"; mas também: "*a gente sempre consegue alguma coisa boa com as velas*". A coisa se complica pelo fato de ser terminantemente proibido acender velas no São João Batista. Será preciso dizer que muito pouca gente respeita a proibição, a não ser no Cruzeiro Central, vigiado por guardas? Melhor dizendo: aos pés do Cruzeiro, em meio a montes de flores, velas brancas, intactas, são depositadas, com as respectivas caixas de fósforos. O simbolismo intrínseco da vela exige a sua inclusão, e a intenção da oferenda talvez baste. Bem longe do Cruzeiro e da avenida central, porém, escondidas em becos discretos, ou apoiadas em túmulos afastados, muitas velas são acesas.

A frequentação sistemática dos queimadores das igrejas às segundas-feiras revelou todo um sistema de cuidados em relação às velas, e até mesmo às caixas de fósforos. Para recolher informações a esse respeito, a estratégia utilizada por todos nós, típica da chamada "participação observante", era de nos dirigirmos para alguma pessoa junto do queimador, solicitando orientação para acender a vela que já trazíamos.

Relata uma de nossas estudantes:

Na igreja de Nossa Senhora de Copacabana, me dirigi, de vela na mão, para uma moça que estava no queimador da direita.[34] *Nele,*

---

[34] Há dois queimadores à entrada dessa igreja, um de cada lado. Adiante veremos o significado atribuído àquela localização.

havia uma caixa de fósforos intacta. Perguntei se eu podia usar a caixa, ela fez uma cara estranha e disse: "Eu, se fosse você, não usaria." Por quê?, perguntei, e ela prontamente me respondeu: "Porque a gente não sabe para quem a pessoa ofereceu. A caixa tem a energia da pessoa." Como é a terceira vez que escuto isso, resolvi observar o comportamento das pessoas com os fósforos. Reparei que uma senhora, dos seus 45 anos, pegava um punhado de fósforos de uma caixa a seu lado, acendia, falava alguma coisa e jogava na cera quente, e repetiu isso até terminar com todos os fósforos, como que para impedir que alguém usasse a sua caixa. Outra senhora, de uns 50 e poucos anos, após acender a vela, pegou a caixa, ergueu um pouco, na altura dos ombros, rezou o Pai-Nosso. Repetiu isso três vezes e depois, com um fósforo, queimou a caixa inteira.

Mais uma observação, feita na Lampadosa:

Uma senhora, à qual pedira ajuda para acender minha vela, havia deixado, ao lado de sua oferenda, uma caixa de fósforos semiaberta, falou que eu podia acender minha vela com esses fósforos, mas que eu tinha que deixar onde estavam, com a caixa semiaberta. Quando perguntei por quê, ela respondeu que não era bom deixar a caixa de fósforos fechada, que ou queimasse todos os fósforos, ou deixasse a caixa semiaberta.

Essa caixa meio aberta sugere que a tal "energia" aludida não pode ser represada. Mais seguro, no entanto, até para impedir algum uso indevido – por pessoas ou almas mal-intencionadas? –, é mesmo queimar.

Se tantos cuidados são necessários ao se lidar com simples fósforos, o que dizer das precauções a serem tomadas com as próprias velas? Nesse ponto, contudo, as opiniões divergem.

Uma frequentadora da igreja de Santa Rita declara que a melhor coisa é trazer velas e fósforos de casa, e deixar ambos no queimador, *"para não levar nada 'pra' casa, e deixar tudo com as almas"*. Leva a entender que algum poder maléfico pode estar ligado à vela acesa no queimador. Já lhe disseram que *"não deveria acender a sua vela na vela dos outros, porque não se sabe se o pedido feito foi bom ou ruim."* A intenção da oferta, portanto, pode conotar positiva ou negativamente a presença da vela. Na igreja de Copacabana, uma devota propõe: *"Se você quiser, pode acender na minha vela, agora que já rezei, não tem mais problema",* explicando que, depois de oferecer a vela, esta não lhe pertence mais, *"a responsabilidade é das almas, é 'pra' elas que você tem que pedir licença".* O ato da oferenda, consagrado pela prece, transfere a posse da vela para as almas. Daí por diante *"é com elas".*

Essa recomendação, que ouvimos também em Santa Rita, parece indicar que, ao se acender a vela, abre-se uma brecha no outro mundo, para o qual um eventual ingresso terá de ser autorizado pelas entidades que nele reinam. Se forem benevolentes, não haverá maior problema. Mas como nunca se sabe quem acendeu a vela, nem que pedido foi aquele, a mais elementar cautela aconselha *não acender* a vela nas velas alheias. Isso não impede que, em outra oportunidade, outra frequentadora da mesma igreja informe que tem o costume de *"acender nas que já estão acabando, quanto mais perto do fim, melhor",* como se a nocividade da vela fosse se extinguir aos poucos, juntamente com o pavio. Mas ela adverte para tomar cuidado, ao acender, em *"não inclinar a vela",* o que sugere uma possível transmissão da periculosidade de uma vela para outra. Ideia de *contágio* bem ao gosto dos primeiros autores da antropologia, que se preocuparam em descrever a magia e os procedimentos usados para se defender dos perigos do sagrado (Frazer, 1969; Mauss; Hubert, 1978).

Até agora, falamos em acender uma só vela, mas é comum a prática de acender várias, seja uma por uma, sucessivamente, seja um "molho" de velas amarradas. Perguntada a esse respeito, uma frequentadora da igreja da Lampadosa esclarece que *"o certo seria acender uma a uma",* mas que algumas pessoas costumam acender várias velas amarradas quando o pedido se dirige

2. AS ALMAS NO BRASIL: DO DEVER À DEVOÇÃO

a uma única alma. De onde se deduz que velas acesas separadamente seriam destinadas a almas diferentes, e que a quantidade de velas ofertadas para uma só alma talvez tenda a reforçar a intensidade do pedido.

Em todas as igrejas pesquisadas, foi observada a prática de acender velas amarradas com barbante, em quantidades variadas, geralmente por volta de dez. Mas há também o costume de enfileirar velas em sequência, e, nesse caso, o número de velas parece corresponder à "natureza" das almas solicitadas: 13 para as "13 almas", sete para as "almas benditas" – na igreja do Rosário nos foi dito que se deveriam acender sete velas durante sete segundas-feiras consecutivas –, ou, no caso de um devoto da igreja de Santa Terezinha, *"tinha uma vela para cada membro de sua família e uma para as almas benditas"*.

Foi nessa mesma igreja que se observou a prática de acender muitas velas. Diz um dos nossos pesquisadores:

> *Perguntei à vendedora, ela me disse que a quantidade de velas dependia da promessa de cada um, e me apontou o homem que acendia umas quinhentas velas, dizendo que ele prometeu acender aquele montão se a graça fosse alcançada. Nesse momento chegou um rapaz de moto e pediu "três de cinquenta" (três conjuntos de cinquenta velas). Perguntei-lhe para que tantas velas, e ele disse que eram para os seus familiares que tinham falecido.*

Em outra oportunidade, foi igualmente observado um homem colocando "centenas de velas" perto do muro que cerca a gruta ao lado da mesma igreja, que, aliás, permanece aberta até meia-noite nas segundas-feiras. Não surpreende, portanto, que o imenso braseiro chame a atenção de todos os que passam pelo Túnel Novo. É de se supor que a enorme quantidade de velas reflita o poder aquisitivo dos devotos da zona sul.

Várias pessoas entrevistadas foram de opinião que importante é a fé, e não o número de velas. *"Não faz diferença acender uma ou muitas velas, isso apenas contribui para que as almas fiquem mais iluminadas.*" Mas se a chama de uma vela tem o poder de "levar luz" às almas, faz diferença, sim. Agora surge outra dimensão, já bem conhecida dos antropólogos: a da magia por semelhança. A chama ilumina as almas que, nas trevas do purgatório, precisam de luz. O atendimento do pedido, por conseguinte, está vinculado a essa necessidade, o que leva certos devotos a uma curiosa forma de quase extorsão: "*você pode acender a quantidade de velas que quiser, fazer tuas orações, e ao final, apagar uma vela e falar que a mesma será devolvida quando o pedido for atendido*" (igreja da Lampadosa).

Se os devotos precisam das almas, elas também precisam de nós. Essa questão será retomada adiante, ao analisarmos as relações ambíguas que se estabelecem com os "poderosos do Além" (Daniel, 1999).

Entretanto, nem todas as velas são acesas nos queimadores das igrejas do Rio de Janeiro. Uma das mais curiosas práticas que pudemos observar foi a de neles dispor velas quebradas. Na igreja do Rosário, "*havia dois grupinhos de velas não acesas, deitadas no queimador. As velas estavam todas quebradas, a maioria em seis partes*". Na Lampadosa, um senhor idoso, que declarou ser praticante da umbanda, explica que esse é um meio de se proteger de pessoas invejosas ou interesseiras. Para tanto, basta "*quebrar uma vela em dois pedaços, sendo que esta vela não deveria ser acesa*". De outra feita, na mesma igreja, uma senhora também idosa é vista rezando e picotando uma vela, que ela coloca junto com as outras acesas. Indagada a respeito, responde que "*aquilo é magia, se uma pessoa está te querendo mal, você quebra uma vela em vários pedaços, pedindo 'pras' almas quebrar esse mau-olhado*".

Na igreja do Divino Espírito Santo do Estácio também se observou a prática de quebrar velas, com a variante de, finalmente, acendê-las.

2. AS ALMAS NO BRASIL: DO DEVER À DEVOÇÃO

Pude ver uma senhora que quebrara sua vela em quatro pedacinhos, acendendo o pavio dos dois lados... E outra senhora fazendo a mesma coisa. Perguntei para umas moças sobre as velas quebradas, elas disseram que alguém está quebrando um trabalho que fizeram, ou quebrando o anjo de guarda de alguém.

Agora, a dimensão mágica é explicitamente assumida com a concretização da metáfora: para quebrar os efeitos da inveja, que, aliás, se chama *quebranto*, ou romper a eficácia de algum feitiço ou proteção, é preciso quebrar a vela, suporte de luz e mediadora de pedidos.

A mesma dimensão mágica se revela em práticas que, por assim dizer, estabelecem uma relação concreta entre a vela e o corpo do devoto:

Um senhor negro vestido de branco estava passando as velas por todo o seu corpo, antes de acendê-las. Ao lado, havia uma senhora que, conforme acendia as velas, as passava perto da parte superior da cabeça, ali fazendo o sinal da cruz e finalizando com duas voltas ao redor de sua cabeça. Houve ainda outra senhora, perto desta, que, após finalizar as suas orações, tocou no queimador e colocou a palma da mão rapidamente na frente das velas. (na Lampadosa)

"*Notei um senhor que, após acender as velas e rezar, começou a se benzer com a chama das velas. Passava a mão sobre elas e depois sobre o seu corpo*" (na igreja de São Jorge). Tudo deixa supor que a vela não atua apenas como oferenda, mas também como elemento de ligação entre os poderes do Além e o devoto. Bem sabemos, desde as análises dos ritos sacrificiais por Mauss (1978), que toda oferenda implica uma transferência, pela qual aquilo que se oferta representa o próprio oferente.

A oferenda não se limita às velas. Objetos diversos são encontrados em meio às velas, acesas ou não, inteiras ou quebradas, colocadas nos queimadores. Pães ou bolinhos, copos de água ou de café, ovos, moedas, notas, bilhetes... Verificamos que, quando há mais de um queimador em uma igreja, essas oferendas costumam se concentrar em um deles, sempre o mesmo. Geralmente, trata-se do queimador situado do lado esquerdo, e, quando há um só, é o lado esquerdo da bancada que recebe tais oferendas. Desde um célebre ensaio de Robert Hertz ([1911] 1980), no qual Freud se inspirou em seus escritos sobre o pensamento mágico, sabe-se que ao lado esquerdo são atribuídas características nefandas, literalmente "sinistras". Bastar citar um trecho, que se ajusta exatamente ao nosso campo:

> *Se os espíritos gananciosos das almas dos mortos têm de ser aplacados pela oferta de um presente, é a mão esquerda que se indica para realizar este sinistro contato. (...). As práticas mágicas proliferam nas fronteiras da liturgia regular.* A mão esquerda está à vontade aqui: ela é excelente em neutralizar ou anular a má sorte. (Hertz, 1980: 116; grifos nossos)

Neutralizar a má sorte ou aplacar os espíritos gananciosos: a presença das oferendas joga claramente a devoção às almas no terreno da magia. As observações realizadas pelos membros de nossa equipe ilustram bem esse aspecto. Na igreja de São Jorge, "*havia copos com água e vários pedaços de pão, além de muitas moedas*". Na de Copacabana,

> *vi sete ovos brancos, juntos, e um ovo marrom um pouco distante. Havia também dois pedaços grandes do que parecia ser mandioca dentro de um pote de barro, e entre os pedaços, uma vela branca. No chão, ao lado do queimador, havia um pequeno pote de vidro com uma vela branca dentro, e mel[35] na superfície. Além disso, havia pedaços de pão, e água.*

A oferenda de ovos – tal como nos tempos retratados por Mello Morais Filho – se repete. Doutra feita, "*logo no início do*

---

[35] Em trabalhos mágicos da umbanda, o mel é frequentemente utilizado para se conciliar os favores de alguma pessoa.

queimador, havia dois grupos de ovos cozidos, parcialmente queimados pelo fogo, alguns abertos na superfície (...), e algo que nunca tinha visto: um círculo formado por sete velas brancas com cinco pães no meio" (Copacabana). *"Na igreja de Santa Ifigênia, observei um prato com várias fatias de pão branco cobertas de mel e moedas. Em volta do prato havia seis velas." "Vejo muitos pães, e água, pergunto a um senhor para que servem, ele diz que não sabe, mas acha que são oferendas, servem tanto para pedir como para agradecer"* (Lampadosa).

O significado atribuído pelos devotos a essas oferendas de água e comida põe em evidência uma forte identificação com as almas:

> *Perguntei a uma senhora por que no queimador havia pães e água. Ela disse que "podem ter sido oferecidos por uma pessoa que passou tanta necessidade que não tinha nem pão para comer, aí ofereceu como agradecimento às almas. O pão e a água simbolizam coisas eternas e básicas", ela disse, e também que "você pode oferecer um pouco de farinha, arroz, feijão, milho, sal, açúcar, para ter fartura".* (Lampadosa)

"Os copos de água são para as almas que morreram com muita sede" (igreja do Divino Espírito Santo).

Voltamos à temática das almas de pessoas que morreram em meio a sofrimentos. Mas a ligação com práticas mágicas dos cultos afros se torna também evidente:

> *Na minha frente, havia um cachimbo e um pedaço de fumo de rolo.*[36] *Perguntei a uma senhora idosa por que havia um cachimbo ali e ela sorriu, me perguntando: "Ué, as almas no terreiro não fumam? Pois é, você pode oferecer fumo e outras coisas 'pra' elas"* (Copacabana). *Na mesma igreja, outra pesquisadora quer saber o que são os bolinhos com aparência de serem de fa-*

---

[36] Oferenda classicamente dirigida aos Pretos Velhos.

rinha de trigo crua, encontrados em quase todos os queimadores. "Insisto num diálogo: – É trigo? – Não, é acarajé. – Acarajé? (uma senhora com quem conversei antes pergunta, surpresa, e as duas iniciam um diálogo) – 'É, acarajé que você compra lá fora. – Eu não sabia que a nossa religião fazia isso na Páscoa! – Olha, é o seguinte. Iansã e Santa Rita é tudo a mesma coisa. – É, só muda o nome da santa, né? – É, mas todo mundo que vem aqui tem pensamento positivo. É isso que importa.'"

Aqui temos um belo exemplo daquilo que Pierre Sanchis (2001) chama de "porosidade das crenças". Acarajé é comida votiva do orixá Iansã, que tem, entre seus encargos, o de reinar sobre os espíritos dos mortos. A presença daqueles bolinhos é, portanto, plenamente justificada em meio às oferendas, desde que se aceite que Iansã e Santa Rita sejam "a mesma coisa",[37] afirmação essa que a interlocutora, claramente mais afeita aos procedimentos católicos usuais, aceita sem estranheza, bem como a referência ao "pensamento positivo". Esse termo, tantas vezes ouvido no Brasil, parece remeter ao universo das crenças "esotéricas" ou de tipo "nova era". Em todo caso, no quadro estritamente católico, fé e esperança em pouco se parecem com a "energia" do pensamento positivo. Mas, em nível de crenças e práticas populares, os limites estabelecidos pelas diversas ortodoxias se mostram totalmente permeáveis, e seus conteúdos, intercambiáveis. Nas fronteiras da liturgia regular, como dizia Hertz, práticas mágicas proliferam. E os ovos, símbolos de fecundidade, de vida e, por conseguinte, quase que antissímbolos da morte, se multiplicam no meio das velas.[38]

---

[37] Posso dizer que, em décadas de convivência com praticantes de candomblé, jamais ouvi falar em qualquer assimilação entre Santa Rita e Iansã, geralmente "sincretizada" com Santa Bárbara.

[38] Ainda que nenhum informante tenha falado nisso, é preciso assinalar que, no candomblé, ovos cozidos fazem parte da comida consagrada a outro orixá,

A observação anterior foi recolhida na igreja de Nossa Senhora de Copacabana e revela a permanência daquilo que João do Rio afirmava, no início do século XX: "Ao ler os grandes diários, imagina a gente que está num país essencialmente católico (...), entretanto, basta parar em qualquer esquina, interrogar. (...) *Nós dependemos do feitiço*" ([1904] 2006: 15-49; grifo nosso). E as igrejas do centro do Rio de Janeiro, ligadas às mais antigas irmandades, tornam ainda mais visível, quase palpável, essa relação de estreita dependência da magia.

O cruzeiro da Lampadosa

A igreja da Lampadosa situa-se na Avenida Passos. É pequena e encravada nos prédios que a ladeiam, sendo separada da rua por um gradil, à porta do qual há sempre mendigos e gente vendendo vela. À esquerda da porta da igreja propriamente dita, cujo interior é ornamentado e bem conservado, vê-se uma pequena entrada que abre para um corredor comprido, azulejado. Este leva a uma sacristia, seguida pela sala do cruzeiro das almas.[39] Esse cruzeiro, de tamanho incomum, sempre coberto por flores brancas, é separado por uma grade de ferro e leva um cartaz que esclarece: *Cruzeiro das almas dos cativos*. Em frente, há uma mesa alongada, que serve de suporte aos ferros nos quais se plantam as velas. Há sempre muitas velas acesas, a ponto de esquentar e enfumaçar o local. No prolongamento da sala do cruzeiro, no fundo, abre-se uma pequena escada, que dá para um corredor, no qual antigamente se viam, atrás de um vidro, ossa-

---

Oxum, constituindo uma defesa contra certo "feitiço de morte" elaborado por terríveis bruxas.

[39] De acordo com Medeiros (1995: 61), "a capela lateral foi construída em lugar de uma casa comercial de penhores, demolida em 1945 (...) o cruzeiro das almas é bem recente também, foi erigido em uma reforma da igreja, em 1936".

das amontoadas. As paredes desse reduto estão cobertas por placas de agradecimento, bastante vetustas.[40] Do lado direito, uma salinha é a passagem para outra sala maior, onde estão várias imagens de santos: N. S. Aparecida, os SS. Cosme e Damião, São Lázaro, São Jorge, São Jerônimo e São Benedito das Flores. Ao longo das paredes, estendem-se pequenas prateleiras, que sustentam algumas poucas placas de agradecimento e numerosos ex-votos de cera.[41] As oferendas colocadas junto das estátuas evidenciam a ligação com as religiões afro-brasileiras: balas e docinhos para SS. Cosme e Damião (Ibeji), pipocas para S. Lázaro (Omolu) e bilhetinhos para S. Jerônimo (Xangô). N. S. Aparecida e S. Benedito, sendo negros, só vêm completando o quadro. Na igreja de Santo Elesbão e Santa Ifigênia, uma senhora que pertence à irmandade que tem nesses dois oragos os seus protetores já avisara que a igreja mais indicada para a devoção das almas seria a Lampadosa, com a justificativa: "*Ali estão os ossos dos escravos, essa igreja tem muito fundamento.*" A presença das ossadas sugere que lá se pode chegar mais perto das almas sofredoras.

Outra informante reforça a recomendação: "*O ideal seria ir até o cruzeiro todas as segundas-feiras, para o pedido ser atendido mais rápido. Você pode ir até o cruzeiro e fazer o pedido sem acender nenhuma vela.*" Bastaria explicar a situação para receber ajuda. Parece que a "força" do lugar é tão poderosa que até dispensa a mediação das velas. Dentro da igreja propriamente dita, nota-se, do lado direito à entrada da nave, esta recomendação, com letras garrafais, em azul e vermelho: "NÃO HESITEMOS EM SOCORRER / E OFERECER NOSSAS ORAÇÕES PELAS AL-

---

[40] Em uma avaliação bem grosseira, cheguei a um total de mais de quinhentas placas.

[41] Muitas cabeças, alguns pés, seios, vários corpos parecendo de criança e três cachorros que, situados perto da imagem de São Lázaro, sugerem que o santo os curou.

2. AS ALMAS NO BRASIL: DO DEVER À DEVOÇÃO

MAS (SÃO JOÃO CRISTÓSTOMO)." Essa inscrição parece corroborar a fama atribuída pela maioria dos informantes: a Lampadosa é geralmente referida como sendo "a igreja das almas". Além do queimador, preces e oferendas em dinheiro se concentram na grade que isola o cruzeiro.

> *Um senhor se aproximou e retirou da carteira uma nota de um real, jogou-a pela grade; o mesmo fez uma senhora que se aproximou logo depois. Isso é interessante, pois, na bancada abaixo da grade, há duas fendas para introduzir moedas, mas mesmo assim as pessoas preferem jogar pela grade, de modo que o dinheiro fique bem visível, mais próximo do cruzeiro.*

O lugar onde estão as ossadas supostamente de cativos[42] é também alvo de oferendas: "*várias pessoas seguravam na grade que protege a cripta dos cativos, algumas rezavam para a cruz que se encontra no alto, outras apoiavam sua testa na grade, rezando fortemente, um senhor rezava e jogava moedas ao longo da grade...*"

Mas o queimador também recebe ofertas de moedas. Ao longo dos relatórios, acumulam-se as observações: "*havia na bancada um pequeno aglomerado de moedas de um centavo, contei, eram sete ao todo*"; "*observei um senhor que tinha enfileirado sete moedas de dez centavos, cada uma na borda do queimador, e deixou ali*"; "*uma senhora, após acender todas as suas velas, pegou algumas moedas e bateu com elas no queimador; depois de ficar mais um tempo rezando com as moedas na mão, ela se dirigiu ao cruzeiro e jogou as moedas ali.*"

Assim se estabelece a ligação entre almas benditas ou cativas, queimador e cruzeiro, oferenda e devoto. O significado da moeda, além de aludir literalmente à necessária compensação

---

[42] É mais provável que se trate dos restos dos ricos mulatos alforriados que sustentavam essa igreja e que foram juntados quando da proibição de enterramento nos templos (*vide* capítulo seguinte).

pelo pedido – não se fala em *pagar* uma promessa? –, não pode ser afastado da referência aos antigos ritos funerários, nos quais se colocava uma moeda na boca ou na mão do cadáver, para que o defunto pudesse pagar a sua passagem para o Além. É o "óbolo a Caronte" da Antiguidade, modernamente reencontrado pelos folcloristas (Van Gennep, [1908] 1978).

Por fim, cabe assinalar a presença, em quase todos os queimadores das igrejas observadas, porém, como sempre, mais destacada na Lampadosa, de numerosos bilhetes. *"No queimador da esquerda, havia um pedido envolto nas próprias velas"*; *"em alguns maços de velas, havia uns bilhetes, parcialmente queimados"* (Copacabana). *"Há um grande número de bilhetes amarrados na grade com barbante"* (Lampadosa). Na igreja do Rosário, onde há, do lado direito da entrada, uma ampla sala com prateleiras azulejadas destinadas às velas, algumas de tamanho bem avantajado, com uma estátua de São Miguel, do lado esquerdo, debaixo de uma redoma de vidro, uma curiosa variante pôde ser registrada: *"no vidro que protege a imagem de São Miguel, vi uma mulher escrever alguns nomes com a parte de baixo de uma vela acesa. Ela coloca a vela no chão, pega outra e escreve mais nomes."* O mais comum, porém, são bilhetes, em toda parte.

Endereçar bilhetes a defuntos não é privilégio dos devotos cariocas. Em 1995, pude fotografar a lápide do túmulo de Jean-Paul Sartre e Simone de Beauvoir, no cemitério de Montparnasse, em Paris, onde vários bilhetes estavam depositados. Isso não deixa de ser irônico, em se tratando de pensadores tão assumidamente ateus e materialistas. Enfiar papeizinhos nas frestas do túmulo do famoso Rabi Loew, no velho cemitério judeu de Praga, condiz com os poderes atribuídos ao criador do Golem, mas descobrir procedimentos análogos entre os admiradores de Sartre é no mínimo estranho! Algo parecido ocorre no lugar onde se deu o acidente que vitimou Lady Di, e as inúmeras inscrições coloca-

2. AS ALMAS NO BRASIL: DO DEVER À DEVOÇÃO

das pelos transeuntes nos arredores das ruínas do World Trade Center só podem nos confortar na opinião que, afora o imediato empenho em homenagear os mortos, ainda subsiste o antiquíssimo costume que faz dos mortos mensageiros que podem levar algo dos nossos anseios para o Além.

Na Lampadosa, muitas mensagens estão escritas a lápis na parede da capelinha lateral e ilustram toda a gama de pedidos para a solução dos problemas mais corriqueiros, questões de trabalho ou saúde: "*Meus queridos santos aqui presentes, intercedam a meu favor para que eu consiga viabilizar a minha aposentadoria sem dificuldade nenhuma*"; "*S. Pedro. Eu quero uma casa só minha. Ajude-me. Obrigada*"; "*Minhas almas Benditas, curai A. B. P., que ela fale, mova os braços e as pernas e volte a andar. 25/10/00.*"

Mas a magia de amor é a mais presente, desde o mais singelo pedido até o mais ameaçador: "*Almas santas, junte U. R. S. G. a mim de novo!*"; "*Minhas almas, que meu marido não tenha olhos para mulher nenhuma. Obrigada*"; "*Que as almas dos aflitos que aqui se encontram não de* [sic] *paz nem sossego para comer nem para trabalhar enquanto D. L. não voltar para casa ou largar aquela mulher. Eu prometo estar aqui todas as segundas-feiras [se] isso acontecer e serei devota para sempre.*"

Logo abaixo está transcrito o endereço para onde D. L.[43] deverá voltar. Outra mensagem, ainda mais dura, estava escrita nas proximidades da estátua de S. Jorge: "*Que as almas do Purgatório levem para o inferno A. L. M. e A. tirando do caminho de A. C. H. Obrigado*" (grifos nossos).

Algo que longos anos de convivência com o campo dos cultos populares me ensinaram é que não existe magia "boa" ou "má". Por lidar com forças obscuras – a violência dos desejos –,

---

[43] É claro que o nome estava escrito em todas as letras. Em nossas citações, só mantemos as iniciais.

toda ação mágica é suscetível de se exercer nos dois sentidos, e talvez seja por isso que as religiões hegemônicas, além do empenho, sublinhado por Max Weber, em garantir o monopólio dos bens de salvação, proíbem qualquer forma de magia. O purgatório, situado a meio caminho entre paraíso e inferno, transforma-se em via de mão dupla...

Não é só no Rio de Janeiro que as almas são solicitadas para resolverem casos sofridos de amor. Do "caderno de certa benzedeira e rezadeira" amazonense, Mário Monteiro copiou uma invocação às almas que mais se assemelha às antigas fórmulas ibéricas de "esconjuro":[44]

> Pela rua abaixo eu vê F. vestido de alvo branco com uma corda no pescoço gritando em voz alta F. nem acudame não posso te acude quem pode te açude são as 3 almas que morreu do mal de amarração as 9 que morreu de queimadas as 9 que morreu afogadas venham todas as 6 todas as 9 almas venham e vão aonde estiver F. não deixe comer e nem beber nem sucegar e nem trabalhar enquanto comigo não vir falar e mim agradar, se esta Oração não obre melagre os sinais são essi os galos a de cantar boi a de urar povo na rua a de matina. (Monteiro, 1983: 128; transcrito *ipsis litteris*)

Por esses exemplos, vê-se de quantas implicações tenebrosas a devoção às almas pode revestir-se. A cada observação de campo, multiplicam-se os depoimentos que mostram se tratar de uma vertente particularmente assustadora e poderosa das práticas populares. Um dos nossos estudantes, falando em nome próprio, relata:

> *Minha mãe contou-me que minha avó é devota das almas e de Nossa Senhora há vários anos. Todos os dias depois de sua janta,*

---

[44] Em seu estudo sobre a Inquisição e os ciganos, Maria Helena Ortega (1988: 171) transcreveu o conjuro da "alma só" – "*Anima sola, anima sola, anima sola / La más sola / y la más triste / y la más desamparada*" – que ameaça namorados recalcitrantes.

2. AS ALMAS NO BRASIL: DO DEVER À DEVOÇÃO

> *às 17 horas, ela vai até a porta da cozinha, que fica em direção à sua casa antiga, e começa a rezar; o mesmo ritual é feito na porta da frente da casa, que fica em direção ao cemitério, dizendo as seguintes palavras: "Não me façam medo nem pavor..."*

Contrastando com esse retrato sombrio das almas estão os dizeres estampados na fachada da igreja de Nossa Senhora da Paz, em Ipanema, à direita de quem entra, em um painel de azulejos encimado pela imagem do Crucificado e representando personagens de idades diversas envoltas em chamas vermelhas:

> Ó vós que ides passando / lembrai de nós que estamos penando / sufragar as pobres almas / é dever não devoção / quem seus mortos esquece / não tem alma de cristão / as alminhas são de todos / ninguém diga: não são minhas / é um dever sufragá-las / pois são nossas irmãzinhas.

Outro pedido de sufrágios acompanha um painel simetricamente situado do lado esquerdo da fachada, encimado por uma imagem de N. S. de Fátima com os três pastorinhos, e mostrando as mesmas figuras em meio a chamas:

> Nossa Senhora de Fátima / pede as vossas esmolinhas / para, pela santa missa / livrar do fogo as alminhas / as alminhas são de todos / pois quem é lá que não tem / um parente ou um amigo / um bom pai ou santa mãe / socorrei, ó almas pias / as tristes almas infiéis / lembrai-vos que em breves dias / no mesmo fogo estareis.

Será que a surpreendente puerilidade do estilo tem o propósito de suavizar a evocação da inelutabilidade da morte e das penas purificatórias? *Hoc tibi, crasmihi*: a clássica advertência das catacumbas, que, retomando um famoso *slogan* publicitário, se poderia traduzir por "eu sou você amanhã", apresenta-se de modo a reforçar a característica familiar que se quer dar às "alminhas". São "nossas irmãzinhas", evocam parentes, amigos, pai e mãe, afirmando a proximidade da morte e do purgatório, até a terrível advertência: "lembrai-vos que, em breves dias, no mesmo fogo estareis."

Outra afirmação não carece de peso, ao lembrar que "sufragar as pobres almas é dever, não devoção". Mas a pesquisa de campo pôs em evidência a persistente realidade da devoção. O deslizamento que se operou, das preces pelas almas para as orações às almas, parece ter sido reforçado pela ambiguidade da designação: aqui também se fala em "almas pias", às quais se pede socorro pelas "tristes almas infiéis", mas, no fim das contas, são todas alminhas. O fato de a diferença entre dever e devoção ser logo sublinhada pelos versinhos provavelmente atende à necessidade de apontar os verdadeiros deveres do cristão. E, com certeza, entre as devoções recomendadas não há espaço para a prática de se escreverem, com velas, obscuros pedidos nos vidros das redomas.

Outro aspecto dos versinhos chama a nossa atenção. É a dimensão familiar e quase caseira das almas necessitadas de sufrágios. Ora, o lugar dos queimadores, inclusive na própria igreja de Ipanema, se situa fora do templo, ou, melhor dizendo, em uma área intermediária entre a casa de Deus e a rua. Desde as observações pioneiras de Roberto DaMatta (1985), sabemos que "casa" e "rua" constituem espaços opostos e complementares no imaginário social brasileiro. Ele observa que

> o universo ético católico oscila entre áreas onde a presença do sagrado, da Igreja e do 'outro mundo' são estruturais e absolutamente necessárias, [sic] para regiões onde o mundo pode ser lido e vivido como algo sem religiosidade, um mundo profano e repleto de pecados. (1985: 129)

As objurgações dos versinhos da N. S. da Paz ilustram perfeitamente essa oscilação. Não se pode de todo ignorar a devoção em torno das almas, tanto que um espaço lhe é concedido, mas do lado de fora e, mais exatamente, na calçada. Tampouco se

2. AS ALMAS NO BRASIL: DO DEVER À DEVOÇÃO

pode legitimar a ambiguidade, daí a insistente lembrança de que as almas pertencem à família. São de casa, não da rua.

Resta saber se, na opinião dos devotos, fazer pedidos às almas surte efeito.

O poder das almas

As entrevistas realizadas ao longo dos três anos da pesquisa mostram que os devotos são convictos da especificidade dos poderes das almas e de sua eficácia. Já vimos com Frade (1987: 92) que

> se observam níveis que estão diretamente relacionados com a imagem que se constrói em torno delas e o temperamento que se lhes atribui. Assim, por exemplo, para os problemas que requerem solução rápida – "fazer com que o filho chegue à noite", "ter notícias imediatamente de alguém" – invocam-se as "Aflitas"; (...) para a proteção, as "Cativas", e para emergências mais complexas – "arranjar dinheiro para as compras" – chamam-se as "Benditas". Dentre essas, as mais poderosas são as "13 Almas Benditas".

Quinze anos depois, essa informação foi confirmada por uma senhora que entrevistamos junto do queimador da igreja de Santa Terezinha: *"para pedir coisas, devemos pedir às almas benditas, pois elas já estão no céu."* Mas adverte que *"devemos acender pelo menos uma vela para as almas aflitas, para que elas possam ir para o céu, e quando chegarem lá lembrarem de nós que as ajudamos"*. Há como que um constante ir e vir entre terra, purgatório e paraíso, cujos habitantes são solicitados conforme as necessidades.

Existe também a preocupação com o destino das almas. No cemitério do Caju, uma de nossas pesquisadoras ouviu discretamente a conversa de três mulheres que estavam caminhando à sua frente. Uma delas dizia que *"a última vela que acende é sempre para as almas esquecidas"*, porque todo mundo acende vela

71

para os seus parentes, e para essas almas ninguém acende. Na igreja de Santa Rita, uma devota declarava que acendia vela "*para as almas benditas e as almas dos escravos, para todas as almas de pessoas sem família ou que não têm ninguém para rezar por elas*". Mas a maioria busca o apoio especializado para resolver problemas específicos.

Voltemos para as paredes da capela da Lampadosa, onde se pode verificar a real "divisão de tarefas" entre as almas solicitadas: "*Minhas almas poderosas, ajudem no emprego que o processo do banco seja logo resolvido*"; "*Que as forças do F. sejam quebradas, vençam sua maldade de coração, Almas quebradas*"; "*As almas individadas* [sic] *me ajudem a pagar tudo que devemos que surja alguém que nos empreste algum dinheiro*".

É nítida a especialização: almas aflitas servem para infernizar; almas "endividadas", para resolver problemas financeiros; almas "quebradas", para destruírem sentimentos maldosos. Tem-se a impressão de que categorias diversas de almas são criadas de acordo com a necessidade, pois fora das paredes da Lampadosa jamais encontramos referências a almas que estivessem endividadas ou quebradas.

Na igreja do Rosário, em 2001, dois de nossos pesquisadores descobriram novas denominações: "almas persistentes", que seriam "almas que ainda não terminaram a sua missão"; e "almas do desembaraço". Estas, de acordo com a informante, servem "*para desembaraçar a vida daqueles que estão muito embaraçados. Quando nossa vida estiver um nó, devemos rezar pelas almas do desembaraço*". Vê-se que, antes mesmo de aparecer a devoção a Nossa Senhora Desatadora dos Nós, já havia almas especializadas na mesma função.

Na Lampadosa, como não poderia deixar de ser, "almas benditas" e "almas cativas" são igualmente solicitadas pelos devotos. Um de nossos pesquisadores foi instruído por uma senhora –

que declarou ser *"grande devota das almas"*, pois *"as almas são santas, meu filho! As almas benditas!"* – a acender uma vela em frente ao cruzeiro das almas toda segunda-feira e *"pedir para as almas cativas dos escravos"*, cujas ossadas lá repousam, *"e pelas almas benditas"*. De outra feita, uma devota insiste que se vá até o cruzeiro, *"não esquecendo de pedir para as almas cativas e benditas"*. Parece que ambas as categorias se misturam na devoção.

A mesma coisa ocorre na igreja de Santo Elesbão e Santa Ifigênia. Uma forma de ter os pedidos satisfeitos seria *"tocar o instrumento de tortura ao qual os escravos ficavam presos e rezar muito pelas almas deles"*. Há, nessa igreja, grilhões de ferro em cima de uma mesa. Rosário, Lampadosa e S. Elesbão são três igrejas de irmandades de negros, e a lembrança da escravidão permanece. Por mais que seja afirmada a "santidade" das "almas benditas", parece que o motor principal do poder das almas reside na vivência do sofrimento.

Uma devota entrevistada nessa última igreja declara que *"me disseram que o que dá mais certo é rezar pelas almas benditas. Mas, até então, só havia rezado para as aflitas, e elas nunca haviam deixado de atender aos meus pedidos"*. Na igreja de Santo Antônio, em Nova Iguaçu, uma de nossas pesquisadoras conversou com uma senhora que tinha o costume de acender vela todas as segundas-feiras, em casa e na igreja, e de frequentar a missa das almas. *"Eu costumo acender para agradecer depois da graça alcançada. – Para quais almas a senhora acende? – Para as almas aflitas."* Tal como observamos ao analisar o texto das orações, parece que a "aflição" das almas faz delas intercessoras privilegiadas, por "entenderem" melhor os problemas dos devotos. A identificação é patente.

No entanto, por mais aflitas que as almas estejam, e, por isso, desejosas de atender aos nossos pedidos, há algo que as distancia de nós e que faz delas aliadas perigosas. Transpuseram os umbrais da morte, estão do outro lado, no Além, e, por conseguinte, são portadoras de um poder ameaçador. Fazer um trato com as almas, por mais comezinho que seja, requer cuidados e vigilância. Todas as pessoas entrevistadas insistiram na necessidade de se cumprirem as obrigações implicitamente assumidas na solicitação de qualquer pedido. "*Se quiser, pode fazer uma promessa, mas tem que cumprir. Promessa é obrigação*" (Lampadosa). "*Às almas são feitos pedidos difíceis, mas tem que cumprir o que se promete*" (S. Elesbão). "*Eu já tive muitas graças realizadas, muitas, mas, cuidado! Porque as almas podem dar muito, mas elas tiram muita coisa também*" (Copacabana). De tal modo que talvez seja aconselhável não mais lidar com as almas. A mesma informante esclarece: "*Eu vinha sempre aqui acender velas para as almas, mas não venho mais... quando eu era devota, perdi o meu marido. Aí tive um sonho que me avisou que não era para eu acender mais velas para as almas...*" Mas outra devota assegura que histórias desse tipo não devem ser creditadas a uma eventual maldade das almas. "*Essa mulher arrumou algum problema com as almas lá dela! Isso não tem nada a ver. Você tem que acender uma vela uma vez por semana e as almas vão te ajudar.*" No Rosário, recolhemos certa insinuação de que a maldade talvez esteja no pedinte: "*Não podemos pedir nada de mal, só para o nosso próprio bem, se não, ela [sic] não faz.*"

A maioria dos informantes, contudo, expressa com igual convicção a crença no poder das almas e na sua periculosidade: "*Você tem que ter cuidado sempre que for pedir alguma coisa às almas. Se você pedir, tem que cumprir, senão alguma coisa ruim vai acontecer na tua vida*" (Santa Rita). "*É muito perigoso rezar para as almas, porque elas cobram mesmo. As almas, você oferece com a mão e elas cobram com os dentes.*" (igreja de São Judas Tadeu). Na opinião dessa devota de S. Judas, esse impressionante vampirismo só pode ser combatido pelo culto dos santos,

2. AS ALMAS NO BRASIL: DO DEVER À DEVOÇÃO

porque as almas estão no escuro, e, quando se acende uma vela na gruta de São Judas, elas ficam atraídas pela luz, e o santo não deixa que elas se aproximem da pessoa. Ela conta vários casos de pessoas que se descuidaram e morreram de forma trágica. Mas a sua devoção a São Judas obedece à mesma visão mágica. O santo sempre atendeu aos seus pedidos, mas "*é importante retribuir de alguma forma para o santo, caso contrário, ele não vai atender o próximo pedido*". Seja qual for o intercessor, prevalece a lógica do "toma lá, dá cá".

A maioria dos entrevistados não parece acreditar que todas as almas sejam ruins por essência. Mas, mesmo assim, dão a entender que, nas fímbrias do Além, circulam almas não nomeadas e extremamente perigosas. Três depoimentos, colhidos em ocasiões diferentes na igreja do Rosário, convergem: "*Só devemos pedir coisas para as almas santas benditas, porque, se pedíssemos para outras almas, elas poderiam nos perseguir ou perturbar*"; "*as outras almas?* (que não as santas e benditas) *Essas, só Deus sabe como elas estão*"; "*não se deve rezar para qualquer alma, há almas para o bem e para o mal*". E recebem reforço da boca de uma mendiga que "faz ponto" na porta da igreja de Copacabana. Designando os queimadores, explica que a função de cada um é diferente: "*O de cá é para rezar às almas benditas, o de lá, é para rezar às almas do inferno.*" Essa curiosa especialização dos queimadores[45] decerto não deve ter a ver com a intenção dos párocos que – suponho – os mandaram colocar na entrada da igreja, mas parece revelar a persistência, no imaginário popular, de antigas lendas medievais conforme as quais certas capelas incluíam, entre as imagens, a do Maligno; daí a prática, cujo pragmatismo nem precisa ser demonstrado, de se "acender uma vela

---

[45] A honestidade me obriga a esclarecer que o queimador "sinistro" se encontra situado do lado direito da entrada da igreja. Para confirmar as observações de Hertz, teríamos de olhar para o queimador no sentido da saída.

75

a Deus e outra ao Diabo". Importante é contar com algum poder superior, venha de onde vier.

Chegamos a perguntar aos devotos se as almas eram tão ou mais eficientes do que os santos no que diz respeito ao atendimento dos pedidos. No dia da festa na igreja de Santa Edwiges, a grande protetora dos endividados, duas moças asseguram que confiam muito na santa, mas uma delas esclarece que *"reza 'pra' tudo, inclusive as almas* – Quem você considera mais eficiente? – Ah, *as almas sempre em primeiro lugar! Mas tudo depende da fé".* Na Lampadosa, a mesma assertiva: *"As almas são mais eficientes do que muitos santos, porque, quanto mais necessitadas, mais rápido o nosso pedido."* Na igreja de Copacabana, também registramos que *"pedir a um santo ou às almas é a mesma coisa, mas quem precisa certamente atende mais rápido".* Na Rosário, a opinião é a mesma: *"as almas são muito mais eficazes, principalmente em situações de angústia, sofrimento e dificuldades, pois elas sabem que, quanto mais rápido nos ajudar, mais rápido será o nosso retorno."* E a entrevistada deixa bem clara a identificação que serve de suporte à prática: *"é como se fosse uma troca, só que elas têm mais poder do que nós."*

Já que a rapidez do atendimento era constantemente evocada, resolvemos testar quem seria mais veloz, se as almas ou Santo Expedito, o santo das causas urgentes. Sem que lhe fosse perguntado, uma devota já havia declarado que *"as almas são rápidas para atender, mas Santo Expedito é bem mais rápido; em caso de urgência e desespero, ele é melhor".* Mas, quando perguntamos diretamente a outras pessoas – "num caso de emergência, para quem seria melhor pedir ajuda, a Santo Expedito ou às almas?" –, recebemos respostas diferentes: *"as almas, mas tem que ter fé"; "o importante é ter fé, mas eu prefiro as almas".*

No mercado de bens simbólicos, a escolha é livre. Repetidas vezes, a temática da fé é associada à eficácia dos pedidos, quer se trate de santo ou de alma. "*O nosso poder está na fé... isso vai variar de pessoa a pessoa*"; "*se as pessoas não têm fé, não adianta nada, nem acender velas, pedir, que não iriam escutar*". Aqui aparece uma nova dimensão, que coloca o devoto em uma postura ativa em relação aos poderosos do Além. É como se o pedinte não estivesse mais em situação de total dependência em relação a todas as forças que o esmagam. Santos e almas têm poderes, mas ele também tem. A "relação de troca" implica reciprocidade. Ao chamar para si o apoio dos poderosos, faz uso de um poder que lhe é próprio, o da fé, que chama e desafia para receber uma resposta. E os dizeres das numerosas placas de agradecimento afixadas no último corredor da igreja da Lampadosa não deixam espaço para dúvidas. As almas solicitadas respondem aos pedidos, quer se trate de almas benditas, cativas, santas, do paraíso ou do purgatório – pois todas essas categorias são citadas. Ou, ainda, como na síntese de um devoto particularmente grato: "*Agradeço Todas as Almas / Graças Alcançadas – L. S.*"

Contrastando com a especificidade das solicitações, as placas de agradecimento só falam em "graças", onde se poderia ver o atendimento de pedidos bem concretos. Aqui não pretendo entrar no mérito da questão, para deslindar em que medida se trata realmente de "graça", nem tampouco discutir se a "fé" tantas vezes mencionada corresponde àquilo que o dogma e os ritos instituídos em relação às almas do purgatório propõem.

Para lembrar os versinhos inscritos na fachada da igreja de Nossa Senhora da Paz, em Ipanema – "sufragar as pobres almas / é dever, não devoção" –, parece que os testemunhos recolhidos por nós à beira dos queimadores remetem, sim, à devoção. Uma devoção dirigida a todas as categorias possíveis – e inventadas – de almas, benditas ou sofredoras, no intuito de conseguir o atendimento de necessidades pessoais, mais concretas do que espirituais. Mas, quem sou eu para julgar a legitimidade ou o desvio das aspirações dos meus contemporâneos? Isso é tarefa para as autoridades eclesiásticas. Em todo caso, a realização da pesquisa de campo leva a concluir pela existência de um grande contingente de devotos que, pouco preocupados com ortodoxia ou heterodoxia, encontram junto dos poderosos do Além uma forma de apoio para enfrentar as agruras cotidianas. E o fato de eles próprios, os devotos, se colocarem em uma atitude ativa de desencadeadores da ação mágica não deixa de constituir, por si só, um aspecto positivo de enfrentamento dos seus problemas.

É preciso lembrar, com Peter Berger, que os sistemas de crença fornecem, dentro dos mecanismos gerais de construção social da realidade, meios de assegurar a manutenção das estruturas de plausibilidade do mundo, garantindo a permanência deste e dos esquemas de significação que dão sentido à existência humana. As almas, por terem, elas próprias, sofrido todos os tipos possíveis de padecimento, são vistas pelos seus devotos como intercessoras particularmente sensíveis às dificuldades encontradas em cada momento da vida. Ao que parece, as "almas benditas" já chegaram à salvação e, por conseguinte, estão habilitadas para ajudar os devotos ao longo do caminho. As "aflitas", por sua vez, ainda se encontram no purgatório, e sua aflição faz delas companheiras do homem comum, tão apressadas quanto ele para sair de sua penosa situação. Assim se desenha uma relação que talvez ultrapasse o simples nível do sistema de "troca", para sugerir o delineamento de uma rede em que santos, almas, vivos e mortos interagem e mutuamente se transformam.

O ponto focal deste Além, o nó que organiza essa rede, se assenta, concretamente, em um sítio criado para reunir vivos e mortos, o "campo santo", que é o cemitério. Quanto mais que, como dizia um devoto entrevistado por Frade (1987: 91), "*as almas vão para todos os lugares, frequentam todos os espaços, mas o lugar delas é o cemitério*".

3. CIDADE DOS MORTOS: CEMITÉRIOS CARIOCAS

O lugar dos mortos no Rio antigo

"No Rio antigo", escreve Luiz Edmundo, "os templos são o cemitério dos cristãos. Enterram-se nas igrejas pelo solo, pelas paredes, debaixo dos altares, por detrás dos oratórios" (Edmundo, [s.d.]: 71). Lugar dos mortos e lugar dos vivos são contíguos. O sagrado garante a proximidade. Em meados do século XIX, a obrigatoriedade de se instalarem cemitérios em locais afastados do centro da cidade introduz uma ruptura. Como veremos, essa novidade será legitimada pelo discurso higienista. Doravante, a ciência, e não mais a religião, definirá a estrutura do mundo, e a ordenação dos cemitérios obedecerá a critérios leigos. Mas, nos primórdios da cidade, eram as confrarias religiosas que se encarregavam de tudo aquilo que regia as relações entre vivos e mortos.

Logo depois da fundação da cidade, foi instituída a Irmandade da Misericórdia do Rio de Janeiro, e, "por ocasião da passagem pela Guanabara da frota de Diogo Flores Valdes, em 1582", foi fundado o seu hospital, por iniciativa de Anchieta (Coaracy, 1965: 23). Desde o início da colonização, multiplicam-se as epidemias de varíola, e a Irmandade recebe o "privilégio dos enterramentos". Isso desagrada a outras confrarias. Vivaldo Coaracy relata como os frades carmelitas tentavam impedir a passagem dos féretros pela frente do seu convento: "Sempre que os irmãos da Misericórdia, acompanhando um enterro, se aproximavam do convento, saíam à rua[46] os frades, à frente dos seus numerosos escravos, armados de cacetes e, à bordoada, dissolviam o cortejo" (Coaracy, 1965: 56). Tanto fizeram que o provedor da Misericórdia apelou para a Metrópole, para que fossem garantidos os seus privilégios. Conseguiu, e a epidemia de varíola de 1622 foi tão mortífera, que ele solicitou da Câmara uma área de terreno situada na base do morro do Castelo, para ampliar o espaço que já se tornara exíguo. "Foi este o primeiro cemitério público regular que existiu no Rio de Janeiro e nesse mesmo local permaneceu até 1839, quando foi transferido para a Ponta do Caju, formando o atual cemitério de São Francisco Xavier" (Coaracy, 1965: 58).

O atendimento dos mortos segue *pari passu* o dos vivos, e a organização dos sepultamentos reflete fielmente a da sociedade. Se os "mortos de consideração social" permanecem sepultados nas igrejas até o século XIX, os menos abastados contentam-se com o cemitério da Misericórdia, na Praia de Santa Luzia, ou, ainda, o dos Franciscanos, na base do Morro de Santo Antônio. Mas estamos a falar dos brancos. De início, nada havia sido previsto para os negros escravos, embora batizados. "A desumanidade dos senhores era tal que os cadáveres eram atirados aos campos, sem sepultura, para serem devorados pelos cães e pelos urubus" (Coaracy, 1965: 229). Mas, em tempos de epidemia severa, essa solução se tornava impraticável. Em 1693, o governador Antônio Pais de Sande celebrou um acordo com a Irmandade da Misericórdia para que ela se encarregasse do enterro dos escravos. Rezava o acordo que a Irmandade teria de mandar buscar o cadáver, "fornecendo um esquife 'com seu pano', e promover a encomendação e o enterro, mandando rezar duas missas por alma do defunto" (Coaracy, 1965). Os senhores teriam de

---

[46] Atual rua Primeiro de Março.

pagar 960 réis por escravo, mas os mais pobres se veriam isentos desse pagamento. Infelizmente, em Portugal, o Conselho Ultramarino recusou a aprovação, reduzindo o custo para 400 réis e suprimindo as duas missas, com o argumento de que "nem os pais eram obrigados a mandá-las rezar pelos filhos". Finalmente, a Misericórdia recebeu um cruzado por enterro de escravo, que se daria no pequeno campo santo atrás do hospital da Santa Casa.[47] Esse cemitério já recebia "os justiçados, os indigentes, os falecidos no hospital da Santa Casa de Misericórdia, e os escravos indígenas" (Rodrigues, 1997: 70). Como se vê, o cemitério da Misericórdia se destinava aos despossuídos.

No século seguinte, com o deslocamento dos interesses econômicos da lavoura para a mineração, o Conselho Ultramarino "estabeleceu a liberdade de comércio de negros e do respectivo tráfico (...) [intensificando-se] grandemente a importação de africanos para o Rio de Janeiro, que veio a constituir-se, mais tarde, [em] verdadeiro mercado de escravos para as capitanias do Sul" (Coaracy, 1965: 247). O enriquecimento foi geral, tanto de particulares como da Coroa portuguesa, que, além de cobrar impostos sobre o tráfico, também tomara para si "introduzir escravos no Brasil para o bem dos seus povos". Ressalta Coaracy (1965) que, "no trabalho das minas, a duração média de um escravo era de sete anos apenas, e isto, ao mesmo tempo em que fomentava o comércio negreiro, trazia a valorização da mercadoria". Haja cemitérios! Quanto mais que, pelas terríveis condições em que se dava a viagem por mar, muitos africanos chegavam ao

---

[47] Mesmo assim, havia senhores que driblavam essa obrigação. Um viajante inglês, intrigado com a frequente presença de corpos jogados na rua, "foi informado de que, quando um escravo estava sem chance de recuperação, era libertado pelo senhor, o qual procurava assim evadir-se das despesas do funeral" (Algranti, 1983: 114). Os transeuntes costumavam se cotizar para reunir a quantia necessária ao enterro na Misericórdia.

Rio de Janeiro doentes e debilitados e morriam ao desembarcar. Logo se impôs a necessidade de se criar um cemitério exclusivamente destinado aos "pretos novos".

De início, foi-lhe alocado um espaço no largo de Santa Rita que, informa Claudia Rodrigues (1997: 70), "funcionou regularmente, até que o mercado de escravos fosse transferido da rua Direita (atual Primeiro de Março) para o Valongo". Essa região, que se estendia aos pés do morro da Conceição e fazia parte da Freguesia de Santa Rita, passaria a receber trapiches e cais, configurando a nova área do porto do Rio de Janeiro, seguindo a expansão da cidade, no decorrer do século XVIII. Foi o marquês de Lavradio, vice-rei e capitão general de Mar e Terra do Estado do Brasil, que, em 1769, resolveu essa transferência:

> Minha decisão foi a de que quando os escravos fossem desembarcados na alfândega, deveriam ser enviados de botes ao lugar chamado Valongo, que fica em um subúrbio da cidade, *separado de todo contato*, e que as muitas lojas e armazéns deveriam ser utilizados para alojá-los. (apud Pereira, 2007: 72-73; grifo nosso)

O Rio de Janeiro acabara de ganhar a condição de capital, estava se desenvolvendo aceleradamente, devido à dupla função de exportador dos produtos das Minas e importador de mão de obra escrava, e os honrados cidadãos, moradores do centro da cidade, haviam de ser poupados da convivência com a miséria e dos "imensos danos" (*sic*) advindos da proximidade do mercado negreiro. Assim sendo, resolveu o vice-rei que

> os negros novos, que vêm dos portos da Guiné e Costa da África, (...) sem saltarem à terra, sejam imediatamente levados ao sítio do Valongo, onde se conservarão, desde a Pedra da Prainha até a Gamboa e lá se lhes dará saída e se curarão os doentes e enterrarão os mortos, *sem poderem jamais sair daquele lugar para esta cidade, por mais justificados motivos que hajam e nem*

ainda depois de mortos, para se enterrarem nos cemitérios da cidade. (apud Pereira, 2007: 74; grifos nossos)

Chama a atenção esse verdadeiro *apartheid* fúnebre. Todos enriquecem com a escravidão, mas a permanência dos recém-chegados na cidade é vista como algo danoso, infeccioso até, cujos miasmas ameaçam a vida dos cidadãos. Nem mesmo depois de mortos merecem o convívio com os brancos.

A ironia disso tudo é que, com a abertura dos portos e a vinda da família real para o Brasil, o subúrbio do Valongo desenvolveu-se aceleradamente, dando lugar a uma infinidade de casas e comércios, e logo mais seus habitantes entrariam com petições, para afastarem de si tão hedionda vizinhança... "Em outubro de 1821, dois requerimentos dos moradores do bairro foram enviados ao príncipe regente, os quais pediam a transferência do cemitério dos pretos novos para outro lugar 'mais remoto', 'em razão dos grandes males' que estariam produzindo sobre o local" (Rodrigues, 1997: 74). O principal argumento era de natureza higiênica: os moradores "encerravam suas famílias dia e noite por medo de serem pesteados" (Rodrigues, 1997). As autoridades deram início a um inquérito, que verificou as péssimas condições do cemitério: exiguidade do espaço, covas rasas, ossos à mostra. O vigário de Santa Rita foi instado a promover transferências. Ao que parece, pouca coisa mudou, de tal modo que as queixas continuaram, a imprensa encampou o discurso higienista e o cemitério do Valongo acabou fechado em 4 de março de 1830 (Pereira, 2007: 96). Logo mais, a proibição do tráfico negreiro, imposta pelos ingleses, levaria a redirecionar a distribuição dos africanos na cidade.

Os ingleses, aliás, gozavam de um tratamento privilegiado no que dizia respeito ao sepultamento. Lorde Strangford, que acompanhara a família real na vinda ao Rio de Janeiro, conseguiu autorização do príncipe regente para erguer um cemitério protestante e, em 1809, comprou uma chácara situada à beira do Saco da Gamboa, que transformou no *British Burial Ground*. Em 1811, iniciaram-se enterros de ingleses e outros europeus protestantes. O lugar, muito bonito, foi elogiado pelos viajantes: "Fui hoje, a cavalo, ao cemitério protestante na praia da Gamboa, que julgo um dos lugares mais deliciosos que jamais contemplei", escreve Mary Graham em seu *Diário de uma viagem ao Brasil, 1821-1824* (apud Cardoso et al., 1987: 42). Hoje, está afastado da praia, em decorrência de aterros sucessivos, mas permanece lindo, apesar dos casebres que invadiram parte do seu entorno. Outro viajante inglês, Robert Walsh, relatou que o imperador D. Pedro I costumava visitar o cemitério para incentivar os seus súditos "a enterrar os mortos em campo aberto" (apud Cardoso et al., 1987). Cabe ressaltar que, naquela época, "o acesso ao Saco da Gamboa era possível através da rua do Cemitério (atual Pedro Ernesto), que ligava essa praia à praia do Valongo. Situava-se nessa rua o cemitério dos Pretos Novos, cuja presença dera o nome ao logradouro" (apud Cardoso et al., 1987: 37). Ou seja, no mesmo Valongo, era possível encontrar dois extremos. A cidade rejeitava para as margens os corpos daqueles que, por religião, no caso dos ingleses, ou por exclusão racial, no caso dos escravos, permaneciam estrangeiros ao corpo social. Imigrantes de luxo ou "pretos novos", de qualquer maneira, eram discriminados.

No que diz respeito à massa dos escravos que, bem ou mal, haviam conseguido sobreviver à chegada,[48] alguma modalidade

---

[48] Ainda não há dados inteiramente confiáveis a respeito da proporção entre escravos e livres na população do Rio de Janeiro no século XIX. O paciente e criterioso levantamento realizado por Ivana Stoltze Lima (2003) põe em evidência a precariedade dos censos, a flutuação dos critérios de classificação, bem como a influência da ideologia dos recenseadores, conforme fossem escravistas ou não. Sidney Chalhoub (1998: 187) considera que, "naqueles anos, o Rio tinha a maior população escrava urbana das Américas, de aproximadamente 80

3. CIDADE DOS MORTOS: CEMITÉRIOS CARIOCAS

de inserção *post mortem* lhes era possibilitada pela atuação de irmandades especialmente criadas pela Igreja católica para eles. De longa tradição em terras portuguesas, haviam sido trazidas para o Brasil pelos jesuítas, "com o fim de promover a piedade e a instrução religiosa de índios e negros" (Braga, 1987: 13). Além desses piedosos propósitos, a instituição de irmandades permitia manter o controle da escravaria e até mesmo, na ocasião na celebração dos festejos dos correspondentes patronos, utilizar as tradições culturais de cada povo – já que cada irmandade agrupava cativos oriundos de uma só etnia, com exclusão das demais[49] – para, ao mesmo tempo, reavivar as tensões entre nações e fornecer uma válvula de escape. De tal modo que muitas das manifestações chamadas hoje de "folclóricas" proveem, em linha direta, da encenação dos embates entre mouros e cristãos, promovida pelos jesuítas para inculcarem os valores católicos nos gentios. Nesse processo de total envolvimento, todos os aspectos da vida haviam de ser contemplados, até o seu fim. O enterro marcava a derradeira integração no seio da Igreja. Quem pertencia a alguma irmandade, por mais pobre que fosse, estava livre das artimanhas dos senhores. Não havia como ser jogado à rua, nem tampouco à vala comum. Um "funeral decente" lhe era assegurado.[50]

---

mil cativos". Afirma Mary Karasch (2000) que mais de 50% da população da cidade, durante a década de 1830, era de escravos. Os libertos, por sua vez, não ultrapassariam 5% dessa população.

[49] Na Bahia, informa Pierre Verger (1981) que Nossa Senhora do Rosário cuidava dos congos; Nossa Senhora da Boa Morte, dos iorubás; e Nosso Senhor da Redenção, dos gêges.

[50] Até hoje, aliás, esse encargo permanece como uma das funções das irmandades, modernizado, é claro, conforme atesta um folheto recolhido na igreja de Nossa Senhora do Rosário e São Benedito dos Homens Pretos: "Você sabia? A Irmandade de N. S. do Rosário e S. Benedito dispõe de um plano funeral etc.".

Como bem observa Mary Karasch (2000: 347),

a fim de realizarem funerais respeitáveis que honrassem os mortos, escravos e libertos tinham de ter também as suas próprias igrejas... De outro modo, as horríveis valas comuns da Santa Casa aguardavam seus familiares e amigos queridos. Em suma, um dos motivos mais importantes para formar irmandades e participar delas era sepultar os mortos.

Maria Odila Dias, que dedicou um estudo pioneiro à vida cotidiana de escravas e libertas na São Paulo do século XIX, chega a falar em uma quase "obsessão com funerais, traço peculiar dos testamentos de ex-escravos; ao que parece, viam no testamento uma oportunidade de suplicar a caridade de um enterro condigno" (Dias, 1984: 119). Dessa preocupação os membros de irmandade ficavam isentos.[51] E todos ajudavam nas despesas, por mais desprovidos de recursos que fossem. O pintor francês Debret (1978: 244) evoca "as irmandades mais pobres do Rio de Janeiro, como a de Nossa Senhora da Conceição (...), de mulatos unidos tanto pela cor como pela pobreza".

Herança talvez da ferrenha exclusão que presidira à instauração das irmandades de acordo com a origem de cada grupo étnico, a adesão se pautava pela cor: "Brancos, mulatos e negros, cada qual possuindo a sua irmandade, e impedindo o acesso àquele que não se classificasse pela 'cor da irmandade'" (Braga, 1987: 19). A sociedade hierarquizada e compartimentada se refletia na organização dos seus mais despossuídos setores. Assim, igrejas e capelas de irmandades negras eram, explica Debret (1978: 166), "servidas por padres negros: a Velha Sé, no fim da

---

[51] A mesma autora dá como exemplo anotações feitas, em documento de 1846, pelo pároco de Cotia: "O escravo Caetano, de 30 anos, envolto em hábito de São Francisco, foi sepultado nas sepulturas do Rosário, por ser irmão e recomendado" (Dias, 1984: 127, n. 21).

rua do Rosário, a Lampadosa e a de São Domingos". A disposição das igrejas parece seguir o padrão comum, e os comentários referentes à sua gravura "casamento de negros escravos de uma casa rica" trazem interessantes informações a respeito do costumeiro sepultamento nas igrejas. Dizem eles:

> O chão é guarnecido de tábuas cobrindo os túmulos destinados ao sepultamento dos irmãos (...). Faz-se a inumação, por ordem numérica sucessiva, e é costume desenterrar os ossos no fim de um ano a fim de abrir vagas. Os ossos são conservados em urnas amontoadas num carneiro situado num pátio contíguo à igreja. (Debret, 1978: 202)

Em época posterior à retratada na prancha,

> sucedeu a construção de catacumbas em galerias abertas anexas à igreja, sendo uma inovação multiplicada ao infinito a partir de 1816. Mas, em 1830, uma lei de salubridade pública proibiu a inumação dos corpos dentro das igrejas e estabeleceu a criação dos cemitérios no gênero dos de França. (Debret, 1978)

Debret situa com bastante precisão a data do abandono das "catacumbas". Doravante, acabará a contiguidade entre lugar dos mortos e lugar dos vivos, ponto final de um processo já iniciado na Europa no decorrer do século XVIII, por iniciativa da própria Igreja. Na França, um édito real de 1776 interditara as inumações dentro das igrejas, em atendimento às representações dos

> Arcebispos, Bispos e demais pessoas eclesiásticas [dando ciência] das queixas a respeito dos inconvenientes das frequentes inumações nas igrejas, e até mesmo em relação à situação atual da maioria dos cemitérios que, perto demais das ditas igrejas, estariam mais bem situados se fossem afastados dos muros das cidades, burgos ou aldeias das diversas províncias deste Reino. (fac-símile do édito reproduzido em Charlet, 2003: 16)

No entanto, houve dificuldades na aplicação da lei, até porque acabava reduzindo, em muito, os lucros que os párocos auferiam a favor das inumações, e foi preciso esperar até o fim do período revolucionário, para que o *décret du 23 prairial de 1804* assegurasse, de vez:

> Nenhuma inumação terá lugar nas igrejas, templos, sinagogas, hospitais, estabelecimentos públicos e, em geral, em nenhum dos edifícios enclausurados e fechados onde os cidadãos se reúnem para a celebração dos cultos, nem dentro do recinto das cidades e burgos. (fac-símile do édito reproduzido em Charlet, 2003: 98)

A insistência em situar o cemitério em lugar aberto, como sublinha a redundância do texto – nada que seja "enclausurado e fechado" –, remete a preocupações de natureza higiênica. O decreto ainda estipula minuciosamente a distância em relação aos muros das cidades – 35 a 40 metros, no mínimo – e recomenda a plantação de árvores, "cuidando de não impedir a circulação do ar" (fac-símile do édito reproduzido em Charlet, 2003). Era preciso criar cemitérios saudáveis.

A modernidade chega aos cemitérios

No Rio de Janeiro, não eram apenas os vizinhos de cemitério de pretos novos que se queixavam dos miasmas.[52] "Na década de 1830 em diante, as queixas abrangeriam todo e qualquer cemitério, mesmo os eclesiásticos. Em 1832, reclamava-se do estado das catacumbas da igreja de Santo Antônio dos Pobres, na freguesia de Santana" (Rodrigues, 1997: 78). O fiscal enviou

---

[52] Ainda que Claudia Rodrigues (1997: 78) desconfie que a atitude dos moradores queixosos se devesse "muito mais ao fato de se tratar de um cemitério de negros".

uma representação à Câmara Municipal, cuja função, dizia ele, era cuidar da saúde pública, "principal objeto de um povo civilizado". Civilização e ciência médica apontavam o caminho do progresso.

Em 1834, o próprio vigário da freguesia de São João Batista da Lagoa (Botafogo) denunciou as condições do cemitério em volta da igreja matriz, pouco condizentes com a sacralidade do lugar.

Em 1839, moradores da praia de São Cristóvão protestaram contra a decisão de a Santa Casa de Misericórdia estabelecer novo cemitério na Ponta do Caju. "O abaixo-assinado reafirmava o perigo para a saúde pública, em razão de 'as contínuas exalações dos cemitérios' serem 'prejudiciais e perigosas, e produtivas de intensas moléstias'" (Rodrigues, 1997: 83). Além disso, a família imperial costumava frequentar a praia e seus arredores; assim, a instalação de um cemitério viria a destoar. Mas, entre diversos argumentos de peso, o provedor da Santa Casa afirmou que o terreno era situado fora da vista dos transeuntes; logo, não prejudicaria os passeios imperiais, quanto mais que ele já "tivera previamente uma conversa com o tutor do imperador, de forma a se tomarem as devidas precauções" (Rodrigues, 1997: 84). Como os moradores poderiam responder a isso? Perderam a causa, e o cemitério foi inaugurado em 2 de julho do mesmo ano,[53] antes de as obras estarem concluídas, conforme assinala Clarival do Prado Valladares (1972: 935), "com o enterro da crioula Victoria, filha de Thereza, escrava de Manuel Rodrigues dos Santos". A Santa Casa permanecia fiel à sua vocação de acolher os despossuídos. Hoje, o cemitério, colocado sob a invoca-

---

[53] Na ocasião da compra do terreno, adquirido a partir do desmembramento da extensa fazenda do Murundu, José Clemente Pereira, o provedor, "ouviu a Imperial Academia de Medicina" e, "certo de que convinha o terreno", mandou iniciar as obras (apontamentos transcritos do Livro do Tombo, n. 1, apud Zarur, 1978: 69).

ção de São Francisco Xavier, é um dos maiores do Rio de Janeiro e abriga desde as mais humildes covas até imponentes túmulos de gente importante.

Em 1844, ocorreu outra contenda, opondo, dessa vez, a irmandade do Santíssimo Sacramento – que pretendia instalar um cemitério em volta da igreja matriz que estava construindo no centro da cidade – aos moradores do local, que, ao que parece, acabaram ganhando.

O estranho é que já existia, desde 1828, um decreto imperial que incumbia à Câmara Municipal construir cemitérios públicos fora dos limites da cidade. Tudo deixa supor que isso implicava despesas de vulto, que à Câmara, por diversos motivos, repugnava desembolsar.[54] Em todo caso, vê-se que o Império do Brasil, desde os primórdios, pautava-se pela modernidade. E vários códigos de posturas reiteraram a preocupação com a saúde pública, ainda que custassem a ser, de fato, aplicados.

Mais uma vez, foram as epidemias, de escarlatina em 1843, de febre amarela em 1849, que levaram, por fim, à criação de cemitérios públicos afastados das edificações. Em 5 de setembro de 1850, o Decreto nº 583 definia as regras de estabelecimento e funcionamento deles, esclarecendo que, "logo que estejam estabelecidos os cemitérios públicos, a nenhuma Irmandade, corporação ou pessoa ou associação será permitido ter cemitérios" (artigo 3º, reproduzido por Rodrigues, 1997: 269). Mas o artigo 4º, logo em seguida, abria a possibilidade de exceções: "O governo poderá permitir cemitérios particulares com as condições

---

[54] Claudia Rodrigues (1997), que levantou os pormenores dos diversos processos, bem como a sucessão de decretos, leis e posturas, relata a proposta de empresários desejosos de iniciar a construção de cemitérios em caráter privado. Tampouco vingou, talvez por receio de que houvesse agitações populares como as ocorridas em Salvador, suscitadas pelas irmandades que iriam perder os seus privilégios. Cf. João José Reis (1991, 1992).

que julgar convenientes", e listava, para tanto, os prelados diocesanos, os mosteiros e conventos, as irmandades e as pessoas de cultos diversos. Ou seja, em apenas dois artigos sucessivos, o decreto se contradizia claramente. Essa contradição evidencia quão espinhosas haviam sido as negociações para laicizar a implantação de cemitérios.

Nas demais regiões do Brasil, houve inúmeras contendas e demoras até se implantarem cemitérios públicos, e em toda parte foi o recrudescimento de severas epidemias que acabou obrigando os poderes públicos a tomarem providências mais do que necessárias: cólera-morbo em São Paulo (1856), febre amarela em Recife (1850), cólera em Salvador (1855). O discurso higienista não fora um simples fenômeno de moda e apontava para a premência da racionalização do sistema de sepultamentos. Mas, como bem observa Rodrigues (1997: 105),

> apesar de o discurso médico ter feito os seus adeptos e as autoridades terem legislado a respeito do estabelecimento dos prédios mortuários, seria apenas com o advento de um surto epidêmico, com um alto índice de mortalidade, que os mortos seriam definitivamente transferidos para longe dos vivos.

De tal modo que, paradoxalmente, foi a permanência do atraso que, por fim, desembocou na modernidade.

No Rio de Janeiro, o Decreto nº 583 vingou. As exceções nele previstas permitiram soluções que atenderam às necessidades de todos. O caso mais clamoroso foi o do cemitério do Catumbi, cujas obras já haviam sido iniciadas em 1849 pela Ordem Terceira dos Mínimos de São Francisco de Paula. De acordo com a notícia histórica fornecida pela Ordem (Alonso, 1970), foi adquirida uma chácara nesse então "subúrbio", em atendimento "aos preceitos sanitários", para remover os despejos das catacumbas situadas junto à igreja do Largo de São Francisco, bem no centro do Rio, e prover os irmãos com novas sepulturas. Com a epidemia de febre amarela, as autoridades solicitaram que o cemitério fosse aberto "aos corpos removidos de todos os pontos da cidade", no que foram prontamente atendidas.[55] Desse modo, seria difícil negar acolhimento ao recurso impetrado pela Ordem junto ao Senado, para que ela mantivesse os seus direitos e o cemitério não fosse "encampado" em decorrência da aplicação do decreto.[56] Não só manteve a posse do seu patrimônio, como conseguiu o apoio dos poderes públicos para levar adiante obras de embelezamento e extensão do cemitério do Catumbi, que hoje se encontra cravado na região central da cidade e sob constantes ameaças de invasão por parte das favelas circundantes.[57]

É claro que várias irmandades tentaram aproveitar a brecha, mas, no conjunto, as autoridades eclesiásticas apoiaram a criação de cemitérios públicos, demonstrando uma "atitude 'ilustrada', na medida em que levavam em conta os novos conhecimentos médicos" (Rodrigues, 1997: 132). Mas, até aí, a modernidade não incluía a separação entre Igreja e Estado. Um decreto de 1851 estipulou que a condição para o pleno funcionamento de

---

[55] "Os documentos oficiais (...) informam sobre as providências do governo e seu atendimento, verificando que foram sepultadas cerca de três mil pessoas que não eram Irmãos da Ordem. Além de trezentos e vinte e três irmãos" (Alonso, 1970: 58).

[56] O argumento foi bem desenvolvido, arguindo do pioneirismo e da responsabilidade social da Ordem: "Quando nenhuma corporação, irmandade ou empresário pretendia fundar cemitérios extramuros, jazendo no pó do esquecimento um projeto de lei de 1843, quando ainda não tinha aparecido, nem se podia prever o flagelo da peste, (...) tomou a dianteira a Venerável Ordem Terceira de São Francisco de Paula" (ibid.: 60).

[57] Contrastando com esse entorno problemático, é impressionante a lista de barões, baronesas, viscondes e viscondessas ali sepultados, sem falar do mausoléu do maestro Francisco Manuel. Representando outra nobre estirpe, está sepultada lá também D. Carmem Teixeira da Conceição, decana das famosas "Tias Baianas" no Rio de Janeiro, falecida em 1988 aos 109 anos de idade.

um cemitério público era de que fosse *benzido*. A Igreja mantinha a hegemonia.

Naquele mesmo ano, a Santa Casa da Misericórdia recebeu[58] o encargo "de fundação e administração dos cemitérios públicos do Rio de Janeiro e o fornecimento dos objetos relativos ao serviço dos enterros, pelo tempo de cinquenta anos" (Rodrigues, 1997: 128). Em outros termos, mantinham-se os seus "antiquíssimos privilégios". Tudo deixa supor que aquele prazo de cinquenta anos, na prática, tenha sido indefinidamente reconduzido. Por enquanto, os principais cemitérios públicos do Rio de Janeiro permanecem sob a direção da Santa Casa, ainda que diversas contendas se desenhem no horizonte.[59]

Finalmente, resolveu-se criar mais um cemitério extramuros, situado na então longínqua freguesia de São João Batista da Lagoa, inaugurado em 4 de dezembro de 1852, com o enterro de uma menina de 4 anos chamada Rosaura, a primeira dos muitos anjinhos que povoariam o campo santo.

De acordo com o levantamento realizado pelo diretor-geral da Santa Casa (Zarur, 1978: 23-24), o Rio de Janeiro conta com significativo número de cemitérios públicos sob os seus cuidados: São Francisco Xavier (1851), São João Batista (1852), Irajá (1895), Santa Cruz (1895), Campo Grande (1896), Paquetá (1897), Inhaúma (1901), Realengo (1901), Jacarepaguá (1904), Ilha do Governador (1904), Guaratiba (1904) e Piabas (1933). Ignoro se houve pesquisadores interessados em levantar a história de cada um deles, tarefa que, sem dúvida, em muito poderia contribuir para a análise das transformações da cidade e dos seus habitantes. Aqui só vou me deter na descrição do cemitério São João

---

[58] Decreto nº 843, de 18 de outubro de 1851.

[59] "Prefeito anuncia licitação de 13 cemitérios – Cesar diz que o prazo de concessão à Santa Casa terminou há mais de um ano, mas entidade afirma que vai até 2009." *O Globo*, p. 14, 5/7/2007.

Batista, palco de uma pesquisa de campo realizada juntamente com os meus alunos da PUC-Rio entre os anos de 2000 a 2006.

O cemitério São João Batista

O Decreto nº 842, de 16 de outubro de 1851, "fundou os cemitérios públicos de São Francisco Xavier e São João Batista nos subúrbios do Rio de Janeiro, São Cristovão e Botafogo" (Zarur, 1978: 61). Como vimos, a escolha de lugares afastados fora determinada por preocupações higienistas: mortos e vivos deveriam permanecer distantes uns dos outros, para o bem geral da sociedade. Mas as cidades se desenvolvem, bairros longínquos vão, aos poucos, sendo engolfados pelas construções circundantes e subúrbios distantes se tornam centrais. Em fins do século XIX, a área de Botafogo, com suas chácaras e ricos palacetes, já era considerada como simples extensão do centro da cidade, servida por várias linhas de bondes. Hoje, o cemitério situado na freguesia de São João Batista da Lagoa, criada por D. João VI em 1808, é o lugar da última morada da população da zona sul. Uma das razões evocadas pelos partidários da criação de cemitérios públicos fora certo anseio de democratização, em contraste com a estrita hierarquização dos enterros conforme as irmandades e o *status* das igrejas respectivas. É voz corrente que todos são iguais perante a morte. Até hoje, porém, é fácil verificar que a sociedade brasileira se estrutura conforme graus bem diversos de "igualdade". E o cemitério São João Batista, que nossa equipe frequentou quase que semanalmente ao longo de vários anos de pesquisa, revela claramente as feições dessa igualdade à brasileira. É o retrato fiel da repartição dos cidadãos em estratos bem específicos.

O cemitério abre com uma ampla avenida, bem arborizada, margeada por capelas e portentosos túmulos. Basta dar alguns passos para ver que a disposição geral do seu espaço reproduz a estratificação da sociedade carioca, de tal modo que nossa equipe logo apelidou as áreas nobres, com suas estátuas de bronze e suas capelas, de "zona sul", na qual ainda se destacava a "quadríssima" (Micheletti, 2000), receptáculo de defuntos particularmente ilustres. Em regiões menos centrais, encontram-se tumbas menos portentosas, bem "classe média", ou áreas que parecem ter perdido algo de sua antiga imponência e, por isso, são bastante evocadoras de alguma "zona norte". Finalmente, subindo a encosta do morro de São João, há uma infinidade de pequenos cubículos, bem apertados, que remetem inequivocadamente à estrutura de uma favela. O limite superior do cemitério vai ao encontro da parte traseira da favela da Ladeira dos Tabajaras, que começa em Copacabana. Cidade dos mortos e cidade dos vivos estabelecem uma contiguidade. Uma é o reflexo da outra.

Isso não ocorre apenas com o cemitério São João Batista. Em meados do século XIX, um cronista parisiense descrevia o famoso Père-Lachaise por meio de metáforas semelhantes às nossas: "os mortos, em multidão, não ocupam apenas uma rua, mas bairros inteiros, uma cidade (...). Enquanto um recanto desse campo dos mortos representa os bairros chiques, outro representa os subúrbios, os bairros pobres e populosos" (Edmond Texier, *Tableau de Paris*, 1852 apud Charlet, 2003: 38).

No cemitério São João Batista, o fausto que se expressa na *quadríssima* da "zona sul" desperta a curiosidade dos visitantes. Em cada dia 2 de novembro, inúmeras pessoas aproveitam a oportunidade para localizar celebridades e, recentemente, a imprensa tem enfatizado o interesse histórico e artístico por esse tipo de visita: "Acredite: visitar o Cemitério São João Batista e o do Caju é um programa legal e surpreendente" (Pimenta, *Veja Rio*, 2008).[60]

---

[60] O artigo, que avalia cerca de 120 mil o número de visitantes em Dia de Finados, propõe um mapa com roteiro, no qual fica bem evidente a concentração de ricos mausoléus em volta do eixo central.

Mais chamativa para nós, no entanto, é a reprodução, em um espaço delimitado pela igualdade na morte, de toda a hierarquização de uma sociedade profundamente desigual. Aquilo que Roberto DaMatta (1979) sintetizou como o "dilema brasileiro", conjunção dos opostos em uma sociedade simultaneamente relacional e discriminativa, fica evidenciado na observação de Heloísa Micheletti, uma de nossas primeiras pesquisadoras no campo santo. Diz ela:

> a visão do cemitério, olhando-o da entrada, na General Polidoro, reflete uma continuidade: "favela" do São João Batista – favela da Ladeira dos Tabajaras. Olhando o São João Batista do alto da "favela" em direção à entrada, veem-se as diferentes regiões deste cemitério e, logo adiante, diferentes regiões do Rio, ruas e prédios de Botafogo, seguindo-se outra favela [Santa Marta]. O primeiro quadro desenha o signo de marginalidade; à região de mortos é reforçado o aspecto de pobreza e perigo da favela. Na outra perspectiva, o cemitério, como Cidade dos Mortos, é uma cidade com suas diferentes regiões, que espelha uma realidade ao mesmo tempo estranha e em tudo semelhante a nós. (Micheletti, 2000: 37)

Essa bipolaridade é evidenciada na oposição/complementaridade entre os dois cruzeiros que norteiam o espaço do cemitério. O primeiro está situado na interseção entre as duas avenidas principais, logo no fim da primeira quadra. É alto, limpo, rodeado de flores, e no Dia de Finados recebe inúmeras oferendas de buquês e de velas. Mas é proibido acendê-las, conforme adverte uma placa. Dessa forma, evitam-se pequenos incêndios e a sujeira que adviria da fuligem. A obediência a essa proibição é garantida pela presença ostensiva de dois guardas uniformizados. Quem quiser oferecer uma vela para as almas – "é lá que 'as moças' moram", disse um zelador, e, no pé do cruzeiro, uma grande placa de pedra, de aspecto antigo, proclama um agradecimento às almas santas benditas – terá de se contentar em depositá-la em meio às flores, junto com a caixa de fósforos, que também permanecerá intacta, marcando a intenção. O cruzeiro central é um lugar de ordem, e como tal deve ficar.

Bem diferente é o cruzeiro do alto. Situado à meia encosta do morro de São João, do lado esquerdo de quem olha a partir do portão central, bem acima dos cubículos que compõem a "favela", é sujo, enegrecido por fuligens e seu entorno evidencia os restos de constantes despachos. Zeladores e funcionários desestimulam o acesso, por tratar-se de um lugar perigoso. Além da periculosidade própria dos lugares ermos – faz tempo que não há mais velórios durante a noite nas capelas do São João Batista –, os perigos são também de natureza simbólica, pois o cruzeiro do alto é lugar de oferendas dirigidas às entidades marginais – "do lado esquerdo", como se diz –: Exu, Pombagira e Omolu, rei do cemitério. Lugar de transição entre morte e vida, todo cemitério é, por definição, reino das margens e dos seus ambíguos poderes. Por mais que o cruzeiro do alto seja "malvisto", sua existência é tolerada. Parece que é necessário alocar algum espaço para a livre manifestação dos cultos periféricos. Ainda mais porque, vista a notável porosidade do campo religioso brasileiro, não há como separar as diversas entidades que nele circulam, e muito menos os seus devotos. Para citar novamente Micheletti (2000: 39),

> no Dia de Finados, em oposição aos dias comuns, uma grande multidão segue, quase em romaria, ao alto do cemitério. Vão depositando velas acesas desde os degraus e gavetas abertas próximas ao cruzeiro esfumaçado. No mato, as pessoas vão se ajeitando, inventando melhores formas de acender caixas de velas (...). Várias crenças aguardam na escadaria. Lá, catolicismo, umbanda, candomblé, kardecismo, quimbanda, "meio-termo" e "religião nenhuma" se encontram...

No entanto, na verdade, os cultos subalternos não ficam restritos à periferia que lhes é alocada. Entre os túmulos situados na parte baixa do cemitério, e até mesmo no âmago da "quadríssima", encontram-se restos de oferendas, tocos de velas, marcas de todo tipo, indicadoras da vitalidade das tradições que unem vivos e mortos em uma rede recíproca de trocas mágicas. Os cemitérios brasileiros são dos mais férteis em devoções miúdas, dirigidas aos seres do Além que povoam suas aleias. É preciso dedicar algumas páginas a esses defuntos milagreiros, eleitos pelo povo que, a cada dia, descobre novos protetores para ajudá-lo a superar os problemas desta vida.

4. DEFUNTOS MILAGREIROS

Clarival do Prado Valladares, no amplo levantamento que deu origem ao seu livro *Arte e sociedade nos cemitérios brasileiros* (1972), não deixa de assinalar o surgimento de inúmeras devoções populares em todos os campos santos percorridos. Ele registra que a escolha desses objetos de devoção parece obedecer a critérios no mínimo estranhos:

> o personagem não necessita estar qualificado por virtudes morais, nem religiosas, do código de bom comportamento. Facínoras, pistoleiros, bandidos de assaltos covardes, prostitutas e vítimas inocentes de assassinatos e de crimes passionais são exemplos dessas devoções espontâneas nos cemitérios urbanos e rurais brasileiros. (1972: 441)

Em outras palavras, muitos desses "santos populares" de santos não têm nada. E Valladares dá como exemplo o caso de Baracho, bandido sanguinário dos mais violentos enterrado em cova rasa no cemitério do Bom Pastor, em Natal/RN.

> Os devotos de Baracho não o têm como santo, nem lhe reconhecem virtudes. Consideram-no um *interferente*, uma alma endemoniada que necessita de muitas preces, que tem poderes de mensagiar [sic] ao Todo-Poderoso os apelos dos que vão orar junto à sua cruz. (1972: 442)

Aqui voltamos a encontrar a força das "almas do mal", aquele ambíguo poder das margens que, por transgredir limites, dirige-

-se em qualquer direção. Tanto que vítimas e algozes são igualmente alçados à condição de mediadores, capazes de interferir junto a Deus. A matriz de todas essas devoções, aquilo que une assassinatos, paixões desvairadas, personagens de toda espécie, é o inusitado, o assombroso, o extraordinário. A fenomenologia da religião já apontou que "o terrível, o inumano, até mesmo o monstruoso, expressa o sagrado, (...) sua popularidade advém de que se aproxima mais do 'totalmente outro'" (Van der Leeuw, 1970: 441). O fascínio do terror é a fonte do sagrado. A "popularidade" do monstruoso vem dar em devoção e, segundo Valladares (1972: 441), pode até mesmo se mostrar suscetível a fenômenos de moda. "Um funcionário do cemitério da Piedade, em Maceió, nos disse que as '*devoções*' se renovam. Quando surge uma '*novidade*', esta costuma esvaziar a que a antecede no mesmo cemitério." Nas observações de campo recolhidas pela nossa equipe, no entanto, não encontramos a mesma volatilidade registrada a respeito dos "santos da moda" (Augras; Guedes, 2005). Nos cemitérios cariocas, pelo menos, parece-nos que há um acúmulo de devoções que, ao longo do tempo, vêm se somar a antigas tradições.

E tudo deixa supor que, ainda hoje, se poderia elencar uma multidão de defuntos milagreiros, em todos os recantos do Brasil, como faz Oscar Calavia Sáez (1996: 96-99) em sua enumeração assumidamente caótica:

> Há muitas crianças. Odetinha, no Rio de Janeiro; Marlene, em Belo Horizonte; o Alvarinho, de Sorocaba (...) a Menina Izildinha (...). Há muitos Toninhos (...). E tem mais mulher assassinada, como a Maria Bueno (...) ou a Aninha do Ceará (...). Carmem Perez, que morreu de parto (...). Enfim, tem de tudo. Tem até padres e freiras, sobretudo em Minas Gerais (...). Fizeram algum milagre depois de mortos Luiz Gonzaga e Tancredo Neves, pelo que me contaram; mas não sei nem onde.

4. DEFUNTOS MILAGREIROS

Perto de cinquenta "santos", alguns até sem nome, mas todos milagreiros... E Sáez, que, a partir de uma investigação sobre um cemitério velho de Campinas/SP, apenas deixou que informações lhe chegassem de toda parte, sem expectativas pré-moldadas, chega a um aparente paradoxo: "Esse culto é ao mesmo tempo conhecido e desconhecido; sabido, mas inconsciente" (1996: 100).

Foi isso mesmo que experimentamos em nossa pesquisa. Todo mundo já ouviu falar de algum santo de cemitério. A maioria cita um nome, ou dois. Ninguém tem ideia de quantas devoções ali mesmo se praticam. Mas circulam entidades de todo tipo e origem, nessa expressão multifacetada das crenças brasileiras, "nos termos de um mundo encantado/assombrado como resposta imediatista aos problemas do cotidiano" (Sanchis, 2001: 33).

As crianças

Muitos "anjinhos" povoam os cemitérios do Brasil. No Rio de Janeiro, a inauguração do São João Batista se deu, como vimos, com o sepultamento de uma menina de 4 anos chamada Rosaura. Até onde pudemos verificar, ela não se tornou alvo de devoção, ou, se devoção houve, não se conservou até nossos dias. As crianças milagreiras às quais fomos apresentados são todas nossas contemporâneas. As mais antigas, e mais célebres – Antoninho da Rocha Marmo, em São Paulo, e Odetinha, no Rio – viveram na primeira metade do século XX, e as mais novas – Neguinha, Betinha, Taninha, Ricardinho, Paulinho –, que a pesquisa de campo nos deu a conhecer, na segunda metade. Estas, de fato, são "ao mesmo tempo conhecidas e desconhecidas", muita gente visita seus túmulos, e não duvido que, enquanto escrevo, devotos se dirijam para novos jazigos, pois, apesar da real diminuição da mortalidade infantil, ainda há muitos anjinhos disponíveis para pedidos de toda espécie.

Na ocasião de uma viagem a São Paulo, procurei informação junto a frequentadores da capela das almas no Largo da Pólvora, cujas paredes enegrecidas pelo fumo das velas em braseiro nada ficam a dever à nossa capela do Rosário, no Rio de Janeiro. Já conhecia pelo menos duas pessoas com o nome de "Marmo", e ouvira falar que se tratava de um pequeno santo paulista, que acudia as mães preocupadas com a saúde dos filhos. Disseram que Antoninho Marmo podia ser encontrado no cemitério da Consolação, grande e belo campo santo, de classe bem abastada.[61]

Foi fácil localizar o túmulo. Atrás do cemitério, na rua Mato Grosso, há uma loja de flores, a Floricultura Lídia, que se encarrega de oferecer à venda uma infinidade de objetos com a estampa do menino e onde nos indicam a sepultura 6 da quadra 80. Bem destacada, há nela uma estátua de bronze representando o menino com roupa de noviço, ao lado de Jesus, e a superfície do túmulo é coberta de jarros de flores frescas, placas de agradecimento e oferendas. Em um pequeno vão, situado na parte posterior da tumba, há uma fenda onde as pessoas costumam inserir bilhetinhos com os seus pedidos. Em outra oportunidade, membros de nossa equipe puderam conversar com diversos devotos, homens e mulheres, que, de muito bom grado, contaram o que sabiam a respeito de Antoninho.

Uma senhora, frequentadora assídua do cemitério da Consolação e dos seus defuntos milagreiros, disse que o "santinho" fora uma criança doentinha, que morreu de tuberculose. Ele teria gostado de ser padre, e "brincava de fazer missa" com seus amiguinhos. Ele é muito procurado para problemas de saúde, e ela mesma já recebeu uma "graça" pela sua intercessão. Desenganada pelos médicos, marcou a cirurgia para o mês em que se comemora o aniversário do menino, em outubro, fez-lhe uma

---

[61] Inclui, entre outros, os mausoléus da família Matarazzo, de Adhemar de Barros, dos Maluf e a tumba da marquesa de Santos.

promessa e tudo correu bem. Em agradecimento, costuma visitar o túmulo "para fazer companhia" ao menino e trazer oferenda. De fato, desembrulhou um farnel com uma lata de guaraná, que despejou em copo de plástico, junto com uma generosa fatia de bolo, que colocou na sepultura. Em geral, gostava de preparar ela mesmo o bolo, antigamente costumava levar cocadas, "que ele gosta muito", mas, atualmente, "não se vende mais nada ali perto". No dia do aniversário natalício de Antoninho, há sempre uma festa, com um grande bolo, balões coloridos e enfeites – até mesmo um chapeuzinho colocado na estátua –, "é, menina, que nem festa de criança de casa!" Esse tom de intimidade, de proximidade, que fala da criança enterrada como se ela fosse viva, tomasse parte em festas familiares e manifestasse gosto particular por guloseimas, imprime um sabor especial ao modo como os devotos se relacionam com o seu intercessor favorito. Mais adiante, voltaremos a encontrar esse mesmo estilo junto a devotas das "crianças" no Rio de Janeiro.

Nessas práticas concretas e nesse discurso, há como que uma ultrapassagem dos limites impostos pela morte, que ressalta a dimensão *relacional* típica do modo de ser brasileiro, no qual até mesmo o "outro mundo" é recuperado em termos de espaço familiar: "Os mortos são entidades tipicamente relacionais e, como tal, comandam atenção e reverência. (...) no Brasil a morte mata, mas os mortos não morrem" (DaMatta, 1985: 134). E, em uma cultura que tanto preza e valoriza o ser infantil, as crianças mortas participam das brincadeiras de suas festas de aniversário.

No cemitério da Consolação, chamou a atenção de nossa equipe o amplo espectro social dos devotos de Antoninho Marmo: de empregadas domésticas até senhores de terno. Todos se mostraram muito solícitos, dando "santinhos" e sugerindo a busca de mais informações junto ao "escritório" na rua detrás do cemitério.

Adquirimos folhetos na Floricultura Lídia e no escritório do Hospital Antoninho da Rocha Marmo, na mesma rua Mato

Grosso, onde se podem contemplar inúmeros documentos referentes à vida do menino e, particularmente, em uma vitrina, os apetrechos que usava para encenar a realização da missa. O ápice da expressão de uma vocação precoce é sumarizado por uma fotografia que o apresenta coberto por vestimentas de inspiração sacerdotal, erguendo um ostensório sobre um fundo de vegetação que parece fazer parte de um quintal. Todos os folhetos reproduzem a ilustração dessa piedosa brincadeira.

Há dois livrinhos: *"Antoninho" da Rocha Marmo – "Antonio da Rocha Marmo", uma vida dedicada a Jesus*; e *Antoninho da Rocha Marmo – sua vida e seu ideal*. Nenhum traz indicação de autoria, e o primeiro leva o *imprimatur* de José Bispo Diocesano, datado de 1941. Ambos se inspiram explicitamente no livro do padre Olegário da Silva Barata, publicado em 1938, *Antonio da Rocha Marmo (Antoninho)*, ao qual não tivemos acesso e que, conforme a análise de Marília Schneider (2001) em sua dissertação de mestrado, foi redigido com a intenção explícita de "sensibilizar as autoridades eclesiásticas para a beatificação do menino recém-falecido". Confiante na avaliação de Schneider e apoiada na leitura dos dois folhetos, posso assegurar que todos são textos de teor claramente hagiográfico.

Logo que informado do nome dos pais do menino, de seu nascimento prematuro, de sua constituição franzina e da data do seu batizado, o leitor é brindado por uma anedota que reproduz um clichê muitas vezes encontrado em nossos estudos sobre vidas de santos, o da incrível precocidade na atração por coisas sagradas. "Toda vez que saía a passeio com sua ama, ao passar por uma Igreja, a criança, com apenas seis meses de idade, estendia os bracinhos como demonstração de vontade de entrar no Templo de Deus" (1941: 6). E nem sequer havia sido batizada ainda...

O mesmo folheto vê como indicação de eleição divina o fato de que, por causa de sua péssima saúde – logo mais se diagnosticaria a tuberculose –, o menino teve de abandonar a escola: "sem letras, sem artes, sem estudos terrenos, seria a criatura eleita, seria o imaculado lírio que a Terra ofertaria a Deus" (p. 7). E, mesmo assim, "sem ter sido alfabetizado" (p. 17), Antoninho, que havia montado em casa um "pequeno altar" onde encenava a missa, "sabia aproveitar os momentos do Evangelho para dirigir aos presentes as mais belas insinuações do como viver bem com Jesus". Menino "prodigioso", sem dúvida.[62]

O sofrimento causado pela doença dá suporte à afirmação das "virtudes heroicas" do menino, que tudo aguentou com resignação. O mal o levou a ser acolhido em um sanatório de São José dos Campos, onde se afeiçoou às "bondosas Irmãs de São José". Isso seria o ponto de partida para a criação, em 1952, por parte de seus parentes, do Sanatório Infantil Antoninho da Rocha Marmo, na mesma cidade.

Antoninho faleceu com 12 anos de idade, em dezembro de 1930. Em vida, já havia realizado milagres: uma menina se curou graças a suas preces; ele diagnosticou "água na pleura" de um rapaz e o encaminhou a um médico, que confirmou o diagnóstico; levou ao arrependimento o pai de um dos seus acólitos, "conhecido feiticeiro local". Também previu que o Papa se libertaria da "prisão voluntária no Vaticano", com a solução da questão entre Mussolini e o papado, isso em 1924, quando o menino tinha 6 anos apenas.

O segundo livro, *Antoninho da Rocha Marmo – sua vida e seu ideal* acrescenta mais alguns fatos milagrosos. De feitura mais recente que o precedente, sem indicação de autor nem de data, retoma praticamente todo o discurso daquele, em tom ainda mais encomiástico, e se inicia com um "Prólogo", que deixa

---

[62] Conforme Schneider (2001), esse paradoxal domínio das Escrituras por parte de uma criança analfabeta, bem como o estender os bracinhos para a porta da igreja, já se encontra no livro do padre Barata.

bem claro o seu objetivo: além de louvar Antoninho, valorizar a "verdadeira origem" e o funcionamento do atual Hospital (ex-sanatório) Infantil e Maternidade Antoninho da Rocha Marmo, em São José dos Campos. Inclui várias fotografias do menino, bem como a do seu túmulo, coberto de flores, onde "aguarda a infalível decisão da Santa Igreja acerca dos méritos e da heroicidade de suas virtudes" (p. 49). Traz também a fotografia de Olívia, menina ameaçada de amputação do braço direito em consequência de uma queimadura: "dei-lhe uma estampa do Antoninho da Rocha Marmo e falei-lhe dos muitos dos seus favores já realizados e aconselhei-a a fazer uma novena ao nosso celeste amiguinho."[63] No terceiro dia da novena, a menina já melhorou, até a ferida sarar por completo. Outro caso de "favor e proteção" diz respeito à própria babá de Antoninho, que, por motivos não esclarecidos, se encontrava afastada dos sacramentos e foi por ele convertida. Mais tarde, muito doente, à beira da morte, ela sonhou com o menino, que prometeu que viria buscá-la no dia da festa de Santo Antônio, e assim faleceu em 13 de junho.

Marília Schneider teve acesso ao Arquivo da Cúria Metropolitana de São Paulo, onde estão guardadas cartas enviadas por devotos agradecidos pela intercessão de Antoninho, no quadro do movimento pela sua beatificação, iniciado em 1938 pelo seu biógrafo, o padre Barata. Assim, pôde analisar 215 narrativas que expõem os meios utilizados para solicitar a ajuda do menino. Orar em seu nome, fazer promessa, acender vela no seu túmulo, mandar rezar missa para ele, doar dinheiro aos pobres ou ao sanatório, realizar novenas são todos procedimentos clássicos

---

[63] A repentina mudança do discurso para a primeira pessoa sugere fortemente que a autoria do livro possa ser atribuída a alguém pertencente à congregação responsável pelo hospital, cuja fotografia, a cores, enfeita a contracapa, e cujo endereço é bem destacado. O texto todo é marcado por um forte empenho em legitimar a atuação das irmãs de São José.

de sufrágios razoavelmente incentivados pela Igreja. Mas descobriu também "fórmulas originais e inventivas", que acabam por desembocar em práticas claramente mágicas.

Passar por cima da parte doente uma vela queimada, recolhida no túmulo de Antoninho, garante a cura (Schneider, 2001: 78-79). Pedrinhas tiradas de lá têm virtudes reconhecidas: "*Os médicos disseram que precisava ser operada. Ganhei uma pedrinha do túmulo de Antoninho da Rocha Marmo. Coloquei num vidro com água e também pingava no ouvido. Um dia apertei o ouvido e* [o objeto que entupia o conduto auditivo] *saltou fora*"; "*Tendo dado para minha filha gargarejos com a pedrinha do túmulo, ela logo melhorou e restabeleceu-se*" (Schneider, 2001).

As flores da sepultura fornecem chás e infusões: "*Me enviaram de São Paulo a flor da sepultura, em que* [sic] *fiz o chá e fui lavando a ferida, em que* [sic] *fazia dez anos que sofria. Hoje graças a Deus por intercessão de Antoninho estou curada*"; "*Assim com a água da flor da sepultura de Antoninho que tomava exclusivamente* [a minha filha] *ficou completamente boa e salva*"; "*Lavando com água de cozimento de flores de seu túmulo e, após a novena, o mal desapareceu*"; "*Levou a criança lá e tomando a água dos jarros da sepultura deu a sua filha para beber, sendo incontinente operado a graça,* [sic] *pois na própria sepultura vomitou todo o mal que tinha, e evacuando também, desaparecendo a febre e saindo andando e completamente boa*" (Schneider, 2001: 79-80).

Schneider enfatiza a "especialização" de Antoninho no campo da saúde[64] e mostra que o início do movimento pela sua beatificação é exatamente contemporâneo ao esforço do governo de São Paulo em "expandir as obras sanatoriais". Mas, no nível da devoção, já ocorrera um visível deslizamento para a prática de pro-

---

[64] Ainda que, nesse último depoimento, se milagre houve, foi que, bebendo água dos vasos deixados na sepultura, a criança não piorou!

cedimentos nada aceitos pelas autoridades católicas. A reação do clero não tardou. Em junho de 1942, o *Boletim Eclesiástico*, órgão oficial da diocese de São Paulo, publicou o Aviso nº 286:

> *"Jardim de Graças" (Antoninho Marmo)*
>
> Com este título está sendo divulgada uma devoção em São Paulo, em homenagem ao, assim chamado, Antoninho Marmo, devoção que se intitula "católica". A Cúria Metropolitana avisa ao Rvdo. Clero e fiéis em geral que tal devoção absolutamente nada tem de católica, e merece portanto toda a reprovação das pessoas bem-intencionadas. SP, 4-5-1942
>
> Cônego Paulo Rolim Loureiro
>
> Chanceler do Arcebispado. (p. 111)

Como tantos outros avisos oficiais referentes a outras devoções,[65] esse não parece ter desencorajado os devotos. Os santinhos que ganhamos à beira do túmulo levam no verso uma oração que, dirigida ao "Meu querido amigo Antoninho", pede, antes de sua intercessão, "pelas nossas crianças doentes, por todos os que sofrem": "Rogai pela nossa Igreja, pelo Santo Padre e pelo Clero." Ninguém diria que se trata de uma devoção oficialmente condenada por "nada católica". E as próprias freiras que tomam conta do escritório do hospital na rua Mato Grosso ainda hoje declaram que Antoninho "está em processo de beatificação" (visita em 7/10/2000).

A Rede Globo, cuja influência na disseminação de ocorrências marcantes em nível nacional não pode ser subestimada,[66]

---

[65] Basta lembrar a enérgica advertência do então cardeal-bispo do Rio de Janeiro a respeito da recente devoção a Nossa Senhora Desatadora dos Nós (cf. Augras, 2004a).

[66] "A congregação religiosa mantenedora do Hospital Infantil Antoninho da Rocha Marmo recebeu, na época da exibição do programa, um aumento significativo de doações para aquela instituição, provenientes de todo o país" (Schneider, 2001: 174).

4. DEFUNTOS MILAGREIROS

dedicou um episódio de sua série "Caso Verdade" à vida e aos milagres de Antoninho Marmo, em outubro 1982, mês do seu aniversário natalício. Observa Marília Schneider (2001: 173) que, embora baseada no livro do padre Barata, a narrativa deixa de lado qualquer referência a uma possível beatificação do menino para se ater à "exploração do extraordinário, dos fenômenos místicos, paranormais ou sem explicação pela ciência, segundo o renascimento desses fenômenos no seio da própria sociedade", acompanhando a onda da "nova era" ao longo dos anos 1980. A encenação dos fatos milagrosos da vida de Antoninho, com a participação de testemunhas, só fez reforçar a crença dos devotos. Vários depoimentos recolhidos por Schneider (2001: 186-201) se desligam por completo das referências de natureza católica para enveredarem pela religiosidade porosa na qual santos, populares ou oficializados, almas, intercessores de todo tipo oferecem aos pedintes meios de cura e de apoio: "Só sei que ele é muito milagroso. Só sei bem que na minha família já teve duas graças. Então, depois disto, como eu tinha devoção às almas, eu peguei ainda mais firmeza de estar assim, de ser devota" (Dona Terezinha, 44 anos, espírita, que visita o túmulo toda segunda-feira). "Tem muita gente espírita que o segue e respeita (...) a única coisa que ele gosta é guaraná... É porque criança da corrente espírita é guaraná. Ele é da linha de Cosme e Damião" (C. M., 50 anos, explicando para uma amiga o que fazer com a comida, velas e guaraná que trouxera).

Doravante incluído na linha dos Ibeji, Antoninho passa a atuar como mais um dos componentes de uma das mais poderosas falanges da umbanda. De tal modo que, aos olhos dos "crentes" de igrejas pentecostais, o menino prodigioso, o anjinho que "viveu na mais pura e santa caridade", se transforma em criatura diabólica: "Crente diz que Antoninho é de esquerda... É o lado ruim... como na macumba, que é toda de esquerda" (Schneider, 2001: 203).

Os opostos se juntam, "orixás viram santos, anjos se transformam em demônios, santos se tornam ídolos" (Sanchis, 2001: 33), e os cemitérios, lugares em que estão depositados defuntos de toda origem e onde – já que, no Brasil, "os mortos não morrem" – se processam todas as espécies de reinterpretações, tornam-se espaços de poderes aos quais as pessoas sofridas e necessitadas vão recorrer.

No Rio de Janeiro, a devoção ao menino encontra um par na pessoa de Odette Vidal de Oliveira, menina que faleceu aos 9 anos, de meningite, e está sepultada no cemitério São João Batista, na quadra 6, nº 850. É uma das maiores celebridades desse campo santo, muito procurada pelos visitantes. Quase sempre há alguém por perto, disposto a contar a vida e os feitos daquela menina. Rita de Cáscia Frade, que dedicou sua dissertação de mestrado ao estudo dessa devoção, transcreve o depoimento daquela que se intitula a "mais antiga" de suas zeladoras:

> *Eu morava na Real Grandeza*[67] *com umas amigas. Um dia cheguei em casa e elas me falaram que teve um enterro com muita gente, muitos carros... elas então foram ver. Era a Odetinha. Falaram que a mãe dela fez um discurso muito bonito. Assim, que deve ter "sido bom pra Odetinha porque ela morreu sem cometer pecado... que era uma rosa que estava indo pra Nossa Senhora". Quando foi na segunda-feira – toda segunda eu ia no cemitério – aí cheguei até lá e passei a ir sempre, assim como mais um lugar pra ir no cemitério. Um dia apareceu um problema com minha filha casada, o marido batendo nela... Eu resolvi pedir a Odetinha pra ajudar minha filha. Levei 12 anos pra alcançar essa graça. Minha filha foi pra São Paulo com os filhos, deixou o marido e está lá até hoje. Daí pra cá eu passei a ir ao túmulo três vezes por semana.* (Frade, 1987: 55)

A devoção foi se espalhando entre outras frequentadoras do cemitério. Diz uma delas:

---

[67] É uma das ruas que ladeiam o cemitério.

4. DEFUNTOS MILAGREIROS

> *Certo dia, encontrei com uma amiga e ela disse – vou-me embora porque ainda vou comprar umas flores e levar lá na Odetinha (...) perguntei: Odetinha? Aí ela disse: Ué, você ainda não conhece a Odetinha? É uma menina que faz milagre ali no São João Batista. [a amiga relata que ajudou a sua filha a passar no vestibular]. Perdi cisma de cemitério, eu tinha horror, um verdadeiro trauma. Quando cheguei lá, tive a sensação de que estava entrando num jardim, num horto. Hoje a gente vai e não tem vontade de sair.* (Frade, 1987)

Esse sentimento de aconchego junto ao túmulo é frequentemente expresso pelos devotos de Odetinha. Enquanto Antoninho Marmo é representado em pé, ao lado de Jesus, a menina está deitada, como que em uma cama, e rodeada de flores. A evocação do leito de morte remete ambiguamente a uma situação de cuidado, de ternura. Heloisa Micheletti, em sua monografia sobre crianças cultuadas em cemitérios, ressalta o contraste:

> A imagem do menino encontra-se em pé, num nível superior ao dos devotos, tendo um olhar carinhoso para as pessoas que a ele dirigem o olhar. É praticamente um jovem seminarista, bem vivo para ser festejado e alimentado. O estado morto da imagem de Odetinha sugere que cada toque nela seja a retomada de um velório... (Micheletti, 2000: 26)

Ainda relata que uma zeladora, ao comentar que a menina morreu em decorrência de meningite,[68] "nesse instante, olha com ternura a imagem da menina, e acaricia sua cabeça, como que tentando aliviar-lhe o sofrimento" (Micheletti, 2000).

---

[68] De fato, a *causa mortis* muda junto com o informante. Outra zeladora, encontrada em outro Dia de Finados, declarou que *"era uma menina muito santa, muito católica, com 5 anos já catequizava as pessoas, ia à missa, fazia jejuns desde pequena, e que talvez por isso tivesse morrido tão novinha... acho que ela morreu de febre tifoide"*. Já ouvi também dizer que havia falecido de paralisia infantil.

Frade já havia observado que o sentimento mais frequentemente associado a Odetinha diz respeito à vida em família, à dimensão de "casa", tão cara ao imaginário brasileiro.[69] Até hoje, quem cuida do túmulo e, particularmente em Dia de Finados, controla a movimentação dos visitantes é um grupo de senhoras, "As amigas de Odetinha". Inspiradas, ao que parece, nas falas e nas atitudes da própria mãe da "santinha", atuam como que assumindo um papel materno de guardiãs da imagem.

> Grande responsável pela manutenção da devoção a sua filha enquanto viva, [a mãe] tem ainda hoje suas falas reproduzidas pelas cuidadoras do túmulo, como em recomendações enfáticas para os meninos polidores de túmulos: "não pode raspar a Odetinha, não pode, a mãe dela disse que ela não pode brilhar!" (Micheletti, 2000: 27)

Essa evocação dos desejos maternos sugere certa procura de legitimação, pois as amigas de Odetinha costumam se queixar das interferências das "freiras que mandam aqui, a gente não manda nada!" Essas irmãs pertencem a uma congregação que toma conta do Lar de São José, em Laranjeiras, obra social que teria sido iniciada pela família em nome da filha. Tal como no caso do hospital criado pelos pais de Antoninho Marmo, em São Paulo, a congregação parece ter se encarregado de zelar pela memória da menina, ressaltando suas qualidades cristãs e o seu apego a Jesus, como se pode ler no avesso do "santinho" que leva o retrato de

> Odette Vidal de Oliveira, [que] nasceu em 15-9-1930 e morreu em 25-11-1939, no Rio de Janeiro. Seu túmulo (situado na quadra 6, nº 850, do Cemitério São João Batista) é um dos mais

---

[69] O título de sua dissertação, *Santa de casa: a devoção a Odetinha no cemitério São João Batista*, alude jocosamente ao ditado popular, só que, nesse caso, "santa de casa" faz milagre!

visitados. Durante o ano todo, sobretudo sábados e domingos, aí acorrem inúmeras pessoas, para agradecer benefícios espirituais ou temporais que atribuem à sua intercessão junto de Deus. Como sinal de reconhecimento, aí deixam uma pedrinha, uma flor, uma sacola de remédios ou roupas, ou qualquer donativo, sendo tudo destinado a obra assistenciais [sic] que podem resumir-se nos "POBRES DE ODETINHA".

O texto prossegue falando como Deus "escolhe os pequeninos para tornar mais evidentes as maravilhas de Sua Graça" e cita as últimas palavras que a menina escreveu: "Eu vos ofereço, ó meu Jesus, todos os meus sofrimentos pelas Missões."

Chama a atenção o empenho em situar a devoção dentro de um quadro estritamente católico, preocupação perfeitamente legítima, por parte de religiosas, que chegam a indicar sábados e domingos como dias de afluência ao túmulo, em nítido esforço para desvincular Odetinha da segunda-feira das almas,[70] ou da sexta-feira dos cultos afros, bem como para atribuir às oferendas a única função de caridade.

A maior queixa das zeladoras é que as religiosas mandaram retirar as numerosas placas de agradecimento colocadas pelos fiéis da menina. Hoje, o que se vê é apenas uma placa de mármore escuro, levando em letras douradas a injunção: "É proibido acender velas." A poucos passos do túmulo está a capela funerária dos pais de Odetinha. No pequeno altar, vê-se a foto da menina, com a do pai e a da mãe de cada lado. Há também estatuetas de santos: Santa Terezinha, N. S. Aparecida, São José, e vários cru-

---

[70] Em minha última visita à sepultura, em 2/11/2010, havia um suposto pregador que dirigia as preces para Odetinha, *"que já é uma santa, igual à Irmã Dulce. O seu corpo ficou intacto, ela pediu a Deus, no dia de sua primeira comunhão, que não deixasse a terra comer o seu corpinho, e Ele atendeu".* Em seguida, pediu preces para as almas do purgatório, porque elas ajudam muito, advertindo, no entanto, que *"Odetinha não é uma alma do purgatório, ela já é santa".* Arrematou dizendo que os pais dela também eram santos.

cifixos. Dizem as "amigas de Odetinha" que, antigamente, rezavam missas nessa capela, no dia 25 de novembro, aniversário do falecimento da menina, mas, hoje, "infelizmente", ficam restritas à capela do cemitério. As autoridades eclesiásticas parecem manter o controle.

Se as placas de agradecimento foram retiradas, no entanto, não foi possível deter os pedidos. Os devotos se esmeram em colocar bilhetes nas poucas frestas do jazigo. Dispensando o beneplácito oficial, a "santinha" continua acolhendo os seus devotos, coberta de flores em Dia de Finados, ou rodeada de alguns buquês a cada segunda-feira. E nesse atendimento popular ela não está sozinha: um séquito de meninas e meninos lhe faz companhia pelas aleias do São João Batista.

Há Neguinha, Betinha, Ricardinho, Taninha. Há também uma criança sem nome, cuja mãe morreu no parto. Há devotos e pedintes que, em busca de solução para as suas aflições, se dirigem a esmo para qualquer túmulo mais ou menos destacado, misturam histórias e nomes, inventam peripécias e criam personagens para povoar o tão rico Além brasileiro.

Na procura de Odetinha, muita gente vem aportar no túmulo de Betinha, situado não muito longe. No Dia de Finados, cobrem-no de flores, e já vi "amigas" retirando de lá visitantes extraviados para levá-los de volta ao jazigo almejado. Mas Betinha tem os seus próprios devotos. Morreu aos 6 anos, em 1968, de leucemia, "aquela doença que quebra os ossinhos", informa um zelador que está limpando a tumba (2/11/2000). Diz ele que *ela 'tá pra' beatificar*, mas, em todo caso, parece ter escapado ao controle eclesiástico, já que o túmulo está cheio de placas de agradecimento.[71] De outra feita (2/11/2001), havia, além das pla-

---

[71] Dirigidas a "Menina Betinha", a "Elizabeth", ou, simplesmente, a "Betinha". A placa mais antiga leva a data de 1976. Em minha última visita, em 2/11/2010, estimei, grosseiramente, um total de mais de sessenta placas.

cas, uma boneca e um carrinho de brinquedo. Perguntamos a várias senhoras que se aproximaram se sabiam da história da menina. Ninguém sabia, mas todas asseguravam que ela *"anda fazendo milagres por aí".* Uma espantou-se: *"Essa daqui é Betinha, não é? Mas não estou entendendo o que ela 'tá' fazendo aqui, ela devia estar em outro cemitério, ela 'tá' em todo lugar!"* Outra senhora esclarece: *"Tem uma outra Betinha no cemitério de Inhaúma, é uma criança que morreu queimada, as pessoas vão lá acender velas e fazer pedidos e... colocam até macumba! Tem que ter até bombeiro para apagar o que as pessoas acendem lá".*

A porosidade das crenças é tamanha que cemitérios e defuntos se confundem. Tudo deixa supor que a menina em questão seja Taninha, assassinada e queimada pela mulher que a mídia apelidou de "fera da Penha". É provável a confusão de nomes. Mas, para o pesquisador dos cultos populares, é fascinante a declaração – *"ela 'tá' em todo lugar!"* –, proclamando a ubiquidade e/ou a total permeação de santos, anjinhos e, novamente, demônios, já que tudo isso deságua em "macumba"...

O túmulo de Betinha é singelo, de granito castanho, protegido por um dossel do mesmo material, e leva apenas um pequeno medalhão com a fotografia da menina. Com tão poucos detalhes, é possível que favoreça a projeção de inúmeras histórias e interpretações.

Mais simples ainda é o de uma terceira santinha, Neguinha. Há nele vários retratos de pessoas da família enterradas lá. Leva apenas uma fotografia de menina, identificada no jazigo como Eloize Castelo Branco Guterres [sic], que morreu com 11 anos, em 1972. Embaixo do medalhão, há palavras de bronze: "Neguinha / com eterna saudade de teus entes queridos." Dizem os devotos que Neguinha era filha de Quirino, jogador do Flamengo, ali representado com uniforme do time e faixa de tricampeão, com a frase: "Quirino / já estás com Neguinha." Embora todo mundo cite o nome de

Neguinha, seu jazigo não parece receber tantas visitas quanto as "santinhas" precedentes e ostenta poucas placas de agradecimento.

Bem mais concorrido, talvez pela dramaticidade de que se revestem as histórias cochichadas pelas devotas, é o túmulo de Carmem Perez, que morreu ao dar à luz uma menina morta. Recolhemos várias versões. A primeira, que a informante disse ter lido na revista *Mulher*, apresenta Carmem como

> *uma mulher muito boa, de família rica. Ficou noiva de um homem, do qual sua família não gostava. Acabou casando contra o gosto da família. Depois do casamento, sofreu muito nas mãos do marido. Engravidou e, na hora do parto, teve complicações. Ela ficou internada e o marido proibiu que a família a visse. Carmem acabou morrendo, e a criança também.*

Mas o caso não para por aí: "*um dia, quando o marido entrou na casa deles, começou uma ventania, que quebrou diversas coisas – era a Carmem!*" E a devota segrega que já conhecia a Carmem antes mesmo de ter lido a sua história.

Certo dia, acompanhara a filha, que precisava acender umas velas "no cruzeiro de cima", que, como vimos no capítulo precedente, costuma ser procurado para oferendas às entidades das margens. Chegaram quase na hora de o cemitério fechar. Quando andavam pela aleia central, a informante viu uma mulher caminhando por alguns túmulos e imaginou que estivesse vindo do túmulo de Odetinha. Subiram até o segundo cruzeiro e, na volta, não viram mais aquela mulher. Alguns dias depois, havia no cemitério pessoas distribuindo "santinhos" de Carmem Perez. A fotografia era o retrato da mulher que avistara naquela tarde.

Heloisa Micheletti, que recolheu essa história de assombração, ouviu também de uma zeladora do cemitério a seguinte advertência: "*As pessoas pedem coisas aqui, mas falaram, não faz muito tempo, que na verdade essa Carmem era uma peste!*" Voltamos às características assinaladas por Clarival do Prado Valladares (1972). Na invenção dos "santos" populares, pouco importa que o defunto tenha sido um modelo de virtudes, ou não. Basta o sofrimento, o fascínio do caso e, como já vimos tantas vezes, na busca de soluções mágicas para as agruras cotidianas, importa é o poder, que seja bom ou mau. A mulher que, por amor-paixão, transgrediu as normas da família, sofreu na mão do marido e morreu de parto, junto com o seu fruto, parece estar a caminho de virar entidade. Não apenas voltou para assombrar o marido, sob a forma de ventania, como circula no lusco-fusco do fechamento do cemitério e ainda manda mensagens psicografadas, gravadas em placa no próprio jazigo:

> As / Dádivas / de Carmem Perez
>
> Eu prometo, sim, eu prometo, se me prometeres luz, adiar teus infortúnios, celebrar tua paz, amar teu Deus, sentir o perfume das casuarinas, clarear teu sol, viver sem amarguras e em todo o teu viver. Eu te prometo, se me quiseres difundir em teu mundo, que os ciprestes mais lindos embelezarão teus ares e em tua alma saberei polir a bondade. E sei também, e por fim, que se me iluminares com teu amor, meu Deus, que é o teu Deus, nos unirá numa única luz maior – Luz de Alá.
>
> (Psicografado por X, 5/11/84).

É preciso lembrar que, por ser psicografado, esse texto – "lírico", na opinião de Sáez (1996: 98) – em princípio é da própria lavra de Carmem, que promete felicidade na Terra e no Além, em nome de um Deus genérico, boa ilustração do ecletismo que parece residir em muitos textos de inspiração espírita. Em todo caso, Carmem aqui se situa claramente "do lado do bem", indicação reforçada pelos dizeres das outras placas: "Carmem / agradeço pela graça alcançada depois de ser enganada por quatro advogados, com tua ajuda e do teu bendito anjo a graça alcançada / Bendito seja Deus. / J."; "Maria ensinas-te-a [sic] a fazer milagres, sendo você grande milagreira na Terra. Deus te ilumine para continuar a fazê-los. / Saudades / Setembro de 1992"; "A Carmem e a sua filha Sissi que na terra não foi batizada, agradeço as três grandes graças alcançadas em 1985 / MR."

Essa última placa, ao mesmo tempo em que informa que a menina não foi batizada, atribui-lhe um nome, que talvez seja de fantasia, mas, sobretudo, evidencia o fato de que, nesse campo, as contradições são o que menos importa.

Outro aspecto é o modo como todas as crianças são descritas pelos devotos e frequentadores do cemitério, como se estivessem vivas e muito presentes. No início da pesquisa, ao acompanhar uma simpática zeladora que se referia às crianças como sendo "Betinha, uma gracinha de menina", "Ricardinho, tão bonitinho", Heloisa Micheletti confessa que "[lhe] ocorria uma ideia de meninos e meninas, sentados sorridentes e solícitos em cima de seus respectivos túmulos, esperando o próximo aflito". No universo relacional brasileiro, mais uma vez se esvaem os limites entre este mundo e o outro.

Na falta de Ricardinho, que acabamos não localizando, encontramos outro menino muitíssimo procurado por devotos, do outro lado da baía, em Niterói, no cemitério do Maruí, antigo campo santo daquela cidade.[72] Nossa equipe se dirigiu para lá em data escolhida, 12 de outubro, por ser "Dia das Crianças". Encontrou o túmulo de "Paulinho" recoberto por carrinhos de plástico, cuidadosamente enfileirados. Dois zeladores do cemitério que se encontravam próximos disseram que os brinquedos

---

[72] De acordo com Valladares (1972: 133), que descreve "a presença de garrafas, potes, farofa de azeite de dendê, charutos, caixas de fósforos em profusão, pipocas, galináceos, peças de roupa, pequenas imagens, cordões vermelhos e pretos, e tudo o mais da prática exótica que tem no cemitério do Maruí (...) no Cruzeiro ao lado da capela de Nossa Senhora da Conceição do Maruí, datado de 1751 e tombado pelo Iphan", esse cemitério nada fica a dever ao nosso São João Batista no que diz respeito aos cultos periféricos... Nossa equipe, em 2000, encontrou o mesmíssimo cenário de resíduos de "trabalhos".

4. DEFUNTOS MILAGREIROS

eram deixados lá em agradecimento pelos muitos milagres operados pelo menino e indicaram um dos seus colegas como "o zelador encarregado de Paulinho". Este explicou que o menino é milagreiro por ter morrido de forma trágica, aos 8 anos, por afogamento. As pessoas que solicitam sua ajuda fazem o pedido e levam emprestado um dos carrinhos que estão na lápide. Quando obtêm a graça, voltam trazendo o mesmo carrinho junto com um presente, que pode ser outro carrinho – "é brinquedo de menino" – ou algo mais vultoso, como velocípede, ou até mesmo bicicleta. Periodicamente, o zelador recolhe os brinquedos e entrega à mãe do menino, que os repassa para orfanatos. O dia de maior movimento costuma ser o de Finados, quando o jazigo fica totalmente recoberto por presentes. Já havíamos observado a presença de alguns carrinhos em outro túmulo, de um menino chamado Alcino, mas o zelador, perguntado a respeito, disse que eram brinquedos simplesmente deixados por familiares do morto, pois *"Paulinho é o único que faz milagres aqui"*. Com todo o respeito, é bem provável que o costume de deixar brinquedo em jazigos de criança se espalhe, e que novos meninos milagreiros venham a surgir.

O próprio cemitério São João Batista, já tão bem aquinhoado com defuntos poderosos, continua produzindo mediadores de todo tipo. Uma devota antiga de Odetinha, ao levar um dos nossos estudantes pelo caminho, comentou: *"Ih, meu filho, aqui tem milagreiro que não acaba mais! A Odetinha, por exemplo, é uma menina santa! Aquele outro ali ó* [apontando para um túmulo ao longe] *já curou até câncer, mas não é conhecido do povo ainda, não!"* (2005). O cemitério toma feição de um imenso celeiro de almas milagreiras, entre as quais algumas irão emergir, sendo nomeadas e consagradas pela procura dos devotos.

Assim, como disse Oscar Sáez (1996: 180), vai-se criando "um panteão visível que concorre com o culto esparso das almas inumeráveis, e que começa a sedimentar uma precária mitologia". É de um desses novos personagens que agora vamos falar. Curiosamente, nenhum dos autores consultados – quer Clarival de Prado Valladares (1972), estudioso dos campos santos brasileiros, quer os acadêmicos cujas teses focalizaram o cemitério São João Batista, Rita de Cascia Frade (1987) e Bartolomeu Tito de Medeiros (1995) – menciona a presença dessa estátua que tanto nos seduziu e mobilizou a partir da descoberta de uma de nossas pesquisadoras, em 1999 (Micheletti, 2000). E, no entanto, os testemunhos dos devotos deixam supor que se trate de uma devoção já bem assentada, há muitos anos.

O enigmático Pai Joaquim

O surgimento dessa devoção parece confirmar a hipótese de Mircea Eliade (1970: 25), segundo a qual

> *qualquer coisa* pode virar hierofania (...). Tudo o que for insólito, singular, novo, perfeito ou monstruoso se torna um recipiente para as forças mágico-religiosas e, conforme o caso, se transforma em objeto de veneração ou de temor, por causa do sentimento ambivalente que o sagrado, constantemente, desperta.

O sentimento de estranheza é, sem dúvida, bem presente a todos quantos se aproximam da estátua que encima o jazigo nº 650 E, localizado na quadra 6 do São João Batista, no âmago da "quadríssima", que reúne os mais ilustres defuntos.[73] Inscrita no livro 21 de Terrenos Perpétuos, a sepultura foi concedida a José Joaquim de Almeida em 8/1/1946, data do seu falecimento, conforme os dados registrados na secretaria do cemitério. Até o encerramento

---

[73] Basta dizer que a sepultura está situada exatamente atrás do monumento de Pedro Ernesto, prefeito do Rio de Janeiro nos anos 1930.

4. DEFUNTOS MILAGREIROS

de nossa pesquisa,[74] outras sete pessoas haviam sido enterradas lá – a última em 2001 –, todas pertencentes à mesma família. Trata-se, portanto, de um jazigo nada abandonado, mas em pleno funcionamento. Também consta dos dados da secretaria o registro de "construções tumulares" realizadas no carneiro a mando da viúva em dezembro de 1946. Nada é dito a respeito da estátua, nem da autoria nem da data em que foi colocada.[75] Optei por não entrar em contato com membros da família, por imaginar que a devoção popular, cujos sinais se encontram em todos os recantos da sepultura, poderia ser motivo de incômodo e, por mais bem-intencionada que fosse, nossa pesquisa poderia ser sentida como invasiva.

Além do mais, dentro da perspectiva teórica que norteia meus trabalhos, a obtenção de "dados objetivos" é o que menos importa. E, citando mais uma vez Eliade (1970), a pesquisa no campo da religião, ou da magia, necessita se libertar dos preconceitos "empírico-racionalistas", que buscam explicações em "fatos". Aqui estamos trabalhando no quadro do imaginário social, dominado por desejos, temores e por pura criação. Nossa pesquisa apoia-se em uma hipótese de trabalho segundo a qual a devoção teria origem nas características da própria estátua, sua expressividade e sua bizarria.

De bronze, realizada em um estilo que evoca a escola de Rodin, a estátua representa um homem bem musculoso, seminu, sentado, pernas abertas. Se fosse se levantar, seria um gigante. Os tra-

---

[74] Após a conclusão do projeto referente às "almas benditas", em 2003, a pesquisa especificamente dirigida à devoção ao Pai Joaquim fez parte de um novo projeto do CNPq intitulado *O paradoxo das imagens [2003-2006]*, em que tomaram parte os bolsistas de Iniciação Científica Daniel Saito, Maurício Guedes e Raviv Rosenkviat; o aluno de mestrado Sérgio Nunes Pereira, bolsista da Capes; e Rafael Costa, Luna Yalom Almeida e Silva, Priscila Darrigue de Faro, Alberto de Souza e Clarice Arantes Martin, acadêmicos do curso de psicologia da PUC-Rio.

[75] Várias tentativas nossas junto aos arquivos da Santa Casa tampouco deram resultado.

ços do rosto são fortemente contrastados: o olho esquerdo quase fechado, as sobrancelhas em movimento, os lábios retorcidos sugerem um sorriso zombeteiro. Os cabelos desgrenhados, a barba hirsuta, a nudez chamam também a atenção, em forte oposição à estética sulpiciana que predomina no campo santo. Aos olhos dos nossos estudantes, a figura remetia a imagens da Antiguidade greco-romana, mas sua primeira impressão era de estranheza: "*é tão destoante do contexto do cemitério, lá junto com as estátuas de santos...*". O que finalmente se impõe, no entanto, é uma impressão de vida: "*ele passa vida, e não morte, diferente do cemitério...*". Ao longo da pesquisa, nossos bolsistas, que receberam a incumbência de visitar regularmente o cemitério às segundas-feiras e/ou às sextas, foram cada vez mais se referindo à estátua como a um ser vivo: "*fui para casa pensando como o Pai Joaquim já faz parte de minha vida, já sinto uma familiaridade com sua figura – quase escrevi 'pessoa'*"; "*visitar Pai Joaquim passou a fazer, há pouco mais de um ano, parte de minha vida, chego até a cumprimentar: 'Coê, Pai Joaquim?'*". A estátua quase ganhou vida, e a observação participante de campo virou *com-vivência*.[76] Desse modo, nossa equipe estava prestes a ouvir plenamente o que os devotos tinham para dizer.

De início, as pessoas se referiam à estátua ora como Pai José, ora como Pai Joaquim. Uma devota explicou:

> *José Joaquim de Almeida era dono de um centro de umbanda branca que recebia um caboclo. Quando morreu, a família colocou a imagem do caboclo no túmulo. A imagem não é de José Joaquim, mas chamam de Pai José ou Pai Joaquim.* (Micheletti, 2000: 34)

---

[76] É claro que, mais uma vez distanciada dos preconceitos empírico-racionalistas, ensinei aos meus pesquisadores que sentimentos e vivências pessoais *fazem parte* da coleta de dados e que a assunção da subjetividade abre uma via privilegiada para a compreensão da situação, como bem advoga François Laplantine (1988: 170): "a antropologia é também a ciência dos observadores capazes de observarem a si próprios."

4. DEFUNTOS MILAGREIROS

É essa a primeira das muitas versões que recolhemos. Situa a imagem como sendo a de um caboclo, ainda que pouco se assemelhe às representações encontradas nas lojas de imagens umbandistas, ou nos congás dos respectivos centros. O único ponto comum é a seminudez. Talvez não seja a percepção da imagem que leve a devota entrevistada a concluir que se trate de um caboclo, mas, sim, a ideia de poder atribuída às entidades da umbanda: "*Ele pode tudo. No caso de uma necessidade, a pessoa deve fechar os olhos e fazer o pedido. Em seguida, abre os olhos para observar se ele pisca. Se ele pisca, é porque aceitou o pedido*" (Micheletti, 2000).

A expressão zombeteira e ambígua do rosto recebe aqui uma interpretação dentro da dinâmica da relação entre entidade e pedinte.

No decorrer da pesquisa, verificamos que a maioria dos devotos chamava a estátua de "Pai Joaquim", e adotamos o mesmo procedimento.

A dupla denominação foi interpretada de maneira bem engenhosa por um pai de santo que encontramos, pela primeira vez, no Dia de Finados de 2002. Chefe de um centro em Sorocaba/SP, colocado sob a invocação de Clara Nunes, costuma, a cada ano, visitar o túmulo da padroeira, junto com o seu séquito, e estende a visitação ao jazigo da família Almeida. Em 2002, cerca de dez pessoas se reuniam em frente à estátua para cantar e bater palmas. Um dos nossos pesquisadores se dirigiu a uma das senhoras e, muito delicadamente, perguntou se poderiam dar algumas informações sobre a entidade homenageada. A resposta foi surpreendente: bastaria esperar um pouco que ela iria se manifestar na pessoa do pai de santo e responderia às perguntas.

Assim se fez. O cambono dispôs os apetrechos – cachimbo, fumo, bengala – no jazigo vizinho e colocou um banquinho dobrável entre os túmulos. A assistência entoou conhecidos pontos de Pretos Velhos, e a entidade se manifestou, botou o chapéu de palha, o cambono acendeu o cachimbo e chamou o nosso bolsista para a entrevista, discretamente gravada.[77]

Quem falou foi Pai José. Contou, com muitos detalhes, que José e Joaquim eram irmãos, vieram de Angola, foram escravos, mas, enquanto José se conformava, Joaquim era revoltoso, vivia fugindo. Ambos receberam o sobrenome da família para a qual trabalhavam, e é Joaquim quem está enterrado ali. Desencarnou quarenta anos depois da Abolição.

Quando foi enterrado, os negros não tinham túmulo, não tem mais nem restos de Joaquim aqui, que faz muito tempo. Mais alguma coisa, filho? – Essa estátua é parecida com Joaquim? – *Sim, sim.* – Quem mandou fazer essa estátua? – *Isso você tem que perguntar 'pra' quem mandou fazer, não sei, não.*

De maneira bem fiel à lógica da umbanda, é a própria entidade quem fala. E a solução proposta para o duplo nome é engenhosa. Não se trata de cultuar José ou Joaquim, mas ambos. No comportamento divergente dos "irmãos", encontramos ecos dos estereótipos referentes à escravidão, opondo o "bom" escravo, submisso e obediente, ao "rebelde". Em todo caso, o imaginário norteia a interpretação. Aquele jazigo dificilmente poderia abrigar os restos mortais de qualquer escravo que fosse. O mais relevante é que a entidade está agora inserida entre os "Pretos Velhos", enquanto a primeira devota a definia como caboclo.

Naquele mesmo Dia de Finados de 2002, outra devota, de origem baiana, contou que,

na casa de santo que minha irmã de candomblé frequentava, informaram que tinha um caboclo chamado Ventania. Um dos participantes desse terreiro, ao chegar aqui para rezar, teve uma

---

[77] O texto da entrevista pode ser encontrado em nossa primeira publicação sobre a devoção a Pai Joaquim (Augras, 2009).

> *visão dessa imagem, aí se deduziu que seria a imagem do caboclo de um dos familiares desse José. Não sei se representa realmente a entidade, eu cultuo como o caboclo Ventania, que é uma entidade de luz da seara da Jurema (...) eu sei é isso, que ele é a entidade do babalorixá, que seria um membro desta família. (...) Venho todos os anos, faço o mesmo ritual, já venho há 35 anos. (...) não sei quem construiu [a imagem], não sei se a ideia foi da família que acreditou e investiu e que virou esta entidade do cemitério que foi conhecida como caboclo Ventania. Ele foi o caboclo Ventania, não Pai José nem Pai Joaquim. De Pai José não tem nada. Está mais para um caboclo. Talvez uma entidade da pedra, de Xangô, vende muita força.*

Baiana, a devota recorre aos seus conhecimentos de candomblé para associar a estátua com o orixá "dono da pedreira", mas é fato que, na umbanda, a linha de Xangô conta, entre os seus "chefes de falange", com o caboclo Ventania. E, ao ouvirmos outros informantes, é a associação com a umbanda que parece preponderante.

> *José Joaquim de Almeida foi em vida uma pessoa caridosa que trabalhou muitos anos com o espiritismo em prol dos pobres e necessitados. Recebia o espírito do Preto Velho Pai Joaquim, mas também trabalhava com outras entidades, como Caboclos, Crianças e Exus. Dizem que a imagem da estátua se assemelha ao estado de possessão de Preto Velho.* (duas senhoras, 2004)

> *A lenda dele diz que ele trabalhava na roça e era espírita.* (funcionário do cemitério, 2005)

> *José Joaquim de Almeida era de origem portuguesa. Era oficial de marinha. Certa noite, em meio a um temporal, teria tido a visão daquela figura. Descreveu para o escultor, que realizou a imagem, e pediu que fosse colocada no seu túmulo.* (resumo do relato feito por um zelador para um conhecido meu, há alguns anos)[78]

---

[78] Ao ver a fotografia da estátua, esse amigo exclamou: "mas é o Pai Joaquim!" e me contou a história. Isso me deu a ideia de fazer reproduções daquela foto

Essa versão evoca a dimensão mitológica que fez muitos dos nossos alunos identificarem a imagem como sendo a do deus grego Posídon. Situa-se, por assim dizer, em uma perspectiva europeia, erudita. Desaparece qualquer referência aos cultos afro-brasileiros, mas, por tratar-se de uma visão, mantém a dimensão fantástica.

A estátua recebe inúmeras oferendas, e estas, sem dúvida, não remetem a um longínquo Olimpo. Charutos e cigarros são comuns. Muitas vezes, vimos pessoas que acendiam um cigarro para colocá-lo entre os dedos da imagem. Um dos nossos pesquisadores registra: "*Chegaram duas mulheres, uma já com cigarro aceso na mão. Depois de ela colocar, perguntei o porquê. Uma falou que ele é caboclo e caboclos gostam dessas coisas*" (2001). Um zelador do cemitério comenta: "*Esse aí é o Pai Joaquim. Ele deve ser um caboclo. O pessoal coloca charuto, vela preta. Isso é coisa de caboclo. Mas eu não sei a história dele, não*" (2005); "*Você nunca viu um caboclo no Amazonas? Ele fica em cima das pedras assim, com as mãos assim... você vê que ele está em cima das pedras... caboclo gosta de ficar assim...*" (uma devota, 2002).

Aqui, é a postura que sugere a identificação com caboclo. Mas, no mesmo dia, outra devota proclama: "*Ele ajuda, faz milagres, eu chamo ele de Pai Joaquim de Angola... sem ninguém me ter falado, me veio esse nome na cabeça, Pai Joaquim de Angola, porque já existe esse caboclo*."

Ocorre que, na umbanda, existe de fato uma entidade chamada Pai Joaquim de Angola, mas, como a procedência indica, não é Caboclo, é Preto Velho. E lembramos que todas as cantigas entoadas pelos componentes do Templo de Umbanda Clara Nu-

---

para mostrar às pessoas, fora do cemitério. Infelizmente, ninguém a identificou, de tal modo que a grande maioria das informações recolhidas se deu no São João Batista, em sucessivos Dias de Finados.

nes eram de Preto Velho.[79] Mas a pesquisa de campo ensina que a taxonomia das entidades não constitui preocupação dos devotos... E a natureza das oferendas observadas ao longo dos anos tanto aponta para Caboclo como para Preto Velho.

Havia muitos charutos, cigarrilhas e cigarros, com ou sem filtro – coisas de Caboclo –, mas também cachimbos, típicos de Preto Velho, e tocos de fumo de rolo. As bebidas também falavam a favor desta entidade: garrafas de cachaça ou de cerveja eram as mais frequentes, mas também encontramos muitas garrafas de guaraná, bebida de índio...

Outras entidades bebem cachaça e recebem fumo. Na ocasião de uma de nossas primeiras visitas, em 2000, encontramos, em um vão atrás do jazigo vizinho, vários ovos crus, mostrando a gema, em meio a um fortíssimo cheiro de bagaceira. Uma amiga, sacerdotisa de umbanda, me esclareceu que seriam oferendas destinadas ao Exu. Nos cinco anos que se seguiram, volta e meia achamos cascas de ovo, e, certa vez, havia o nome completo de uma pessoa escrito na casca. No Dia de Finados de 2005, lá estavam os restos de um despacho, com alguidar, farofa, velas e ovos. De onde se deduz que, embora nenhum devoto tenha dito isso, Pai Joaquim pode muito bem ser um Exu. Ninguém pronunciou o seu nome, é verdade, o que não prova coisa alguma. Daquilo que é muito poderoso não se deve falar.[80]

---

[79] Uma delas, que costuma dar início aos "trabalhos" de Pretos Velhos, tem tudo a ver com o tema deste livro: "*Eu adorei as Almas / nos dias de hoje / eu adorei as Almas / eu vim / num terreiro de umbanda / eu vim trabalhar.*"

[80] É preciso assinalar que a primeira visita à estátua foi proposta à nossa pesquisadora por um zelador, com as seguintes palavras: "*Você quer ver o Diabo?*" (Micheletti, 2000). A atitude no mínimo desafiadora desse zelador, que se identificou como "crente", foi reforçada pela advertência: "*Não olhe para ele, que ele pisca!*" (ver comentários a respeito dessa ambivalência do informante em Augras, 2009).

O zelador citado disse que, entre as oferendas, havia "vela preta", que atribuiu erroneamente ao caboclo, mas é coisa das entidades "do lado esquerdo". Certo dia, havia, em cima da sepultura vizinha, duas estatuetas de Maria Padilha, rainha dos Sete Cruzeiros da Calunga (isto é, do cemitério). Parece que aquelas entidades das margens, que povoam os arredores do cruzeiro do alto, não se furtam a descer juntinho da região central, a mais nobre do São João Batista.

Além dos cigarros, das bebidas, dos ovos e da farofa, há também muitas moedas. Velas constituem uma oferenda constante. A maioria é de velas brancas, acesas – lembramos que é "proibido" acender velas dentro do campo santo –, e, também, de vez em quando, velas quebradas, que, como sabemos, se destinam a "quebrar" trabalhos de magia. Velas coloridas são raras, ainda que, ultimamente, tenhamos visto velas pretas e vermelhas, próprias para casos de "demanda", ou seja, para provocar/desfazer guerras e conflitos. Em contraste com esses elementos sombrios, é preciso dizer que as oferendas mais frequentemente encontradas, em qualquer época do ano, não apenas em Dia de Finados, são flores. Muitas rosas vermelhas, palmas-de-santa-rita, muitos vasinhos de margaridas. E arranjos de plástico, o ano todo.

De tal modo que o entorno da estátua de José Joaquim, ou de quem quer que seja, junta componentes de todos os cultos presentes no cemitério: flores católicas, velas para as almas, agrados para entidades da direita e da esquerda. E ele próprio, pela multiplicidade dos nomes que lhe são atribuídos e a variedade das versões, é também uma síntese dos "poderosos do Além". Não há por que escolher entre Caboclo, Preto Velho ou Exu. Ele é isso tudo: Ventania-Pai Joaquim-Exu, e também Posídon. É a imagem de um poder multiforme, de que os devotos querem se valer.

Numerosos pedidos mostram isso. Alguns vêm sob forma de bilhetes escritos em pedaços de papel, enfiados em diversas frestas da estátua. Muitos devotos se utilizam de fitas de máquina de escrever, enroladas em volta do punho da imagem. Seu conteúdo[81] cobre todo o espectro das mazelas cotidianas: problemas amorosos,[82] procura de emprego, desavenças familiares. E, por vezes, solicitações mais frívolas: "*Faça com que eu acerte as dez dezenas...*"

Parece, no entanto, que a grande maioria dos pedidos, e dos agradecimentos, se faz oralmente. Os devotos não se furtam em proclamar a excelência da entidade: "*Meu pai é quem vinha aqui, mas ele já morreu; disse que, se precisasse de alguma coisa, que pedisse para o Pai Joaquim. Perdi meu Credicard, gastaram dois mil com ele, vim falar com Pai Joaquim, e no dia seguinte me ligaram, quer dizer, eu acredito em milagre*" (devota, 2004); "*Se você quiser fazer um bom trabalho na tua pesquisa, é só pedir para Pai Joaquim, porque ele era pessoa muito inteligente. É só rezar umas orações e chamar o teu anjo da guarda e fazer o pedido*" (outra devota, orientando o nosso pesquisador, 2004).

Muitas pessoas se referem à influência de algum familiar na procura da ajuda da entidade: "*Foi uma tia que me trouxe quando eu tinha 10 anos para conhecer Pai Joaquim, e há quarenta anos que o visito, todo Dia de Finados*" (depois de colocar um cigarro aceso entre os dedos da estátua, 2001).

A sensação de familiaridade experimentada por nossos pesquisadores em relação à figura, à medida que suas visitas se mul-

---

[81] Para tomar conhecimento do conteúdo, nossa equipe criou o costume de, primeiro, fazer uma pequena oração, pedindo licença; em seguida, tirar cuidadosamente a fita ou o bilhete, copiar os dizeres e, por fim, recolocar exatamente no mesmo lugar, agradecendo (ver conteúdos desses pedidos em Augras, 2009).

[82] Pudemos testemunhar os poderes de Pai Joaquim: uma mulher, aflita por causa do abandono do marido (30/1/2003), teve a alegria de vê-lo voltar para casa seis meses depois (1/8/2003). É raro podermos assistir a eventos tão bem documentados.

tiplicavam, parece ser compartilhada pelos entrevistados. "*Algumas pessoas me contaram que já estão acostumadas a 'passar' no Pai Joaquim no Dia de Finados. Uma mulher, aparentando ter uns 35 anos, disse que passou a visitá-lo devido à sua mãe, que era devota dele*" (2005).

Fomos perguntar sobre "aquela imagem" a duas mulheres, mãe e filha, e a mãe disse que conhece Pai Joaquim desde criança. Falou que ele sempre existiu. Perguntamos sobre alguma graça realizada, ela disse que ele vem realizando graça todo dia. Disse não ser da umbanda, nem ser crente, mas que, para ela, não custa nada vir até Joaquim uma vez por ano. (2005)

"Não custa nada", e só pode fazer bem. A devoção ao Pai Joaquim não se distingue das que já presenciamos em outras pesquisas. Tanto faz dirigir pedidos aos santos católicos, às almas, às entidades diversas ou a quem quer que venha surgir em lugares onde se manifesta a presença do sagrado.

5. CONCLUSÃO: O ALÉM BRASILEIRO

"Quem, hoje, ainda se interessa pelas pobres almas do purgatório?" Essa pergunta de Michel Vovelle abre o seu exaustivo tratado, que começa com a "invenção" do purgatório[83] e acaba em nossos dias. A resposta chega a uma constatação algo melancólica. Se o período pós-tridentino consolidou a sacralização da morte cristã, se o século XIX, com a retomada de um vigoroso intento missionário insuflado por sucessivos papas na luta contra as ideias modernas, promoveu a fundação de santuários destinados a sufragar as almas desamparadas,[84] o século XX parece desembocar no "fim do purgatório" (Vovelle, 1996: 263).

Triunfo das ideologias ateístas que dominaram o século? Consequência das carnificinas de duas guerras mundiais, quando os monumentos em homenagem aos combatentes "substituíram almas do purgatório pela promessa de imortalidade cívica, com a Vitória alada posta no lugar do Anjo"? (Vovelle, 1996: 270). "Derrota dos altares" em uma sociedade de bem-estar apenas preocupada com o acúmulo de riquezas e o gozo do consumo? Vovelle inclina a pensar que o interesse pelas almas do purgató-

---

[83] "Pesquisamos o purgatório a partir do momento em que Jacques Le Goff o deixa, na virada do século XIII para o século XIV" (Vovelle, 1996: 8).

[84] Como, por exemplo, no norte da França, a basílica de Nossa Senhora de Montligeon, fundada em 1884 para atuar "em prol das mais abandonadas entre as almas do purgatório".

rio, "essas marginais do paraíso", hoje somente aparece entre estratos sociais igualmente marginalizados, cuja "demanda identitária" só poderia ser atendida por essa mediação. Cita, como exemplo, o caso de uma devoção às almas surgida nas catacumbas de Nápoles nos anos 1970-1980, com forte ressonância popular, até que um abalo sísmico "desse às autoridades eclesiásticas a oportunidade de fechar o acesso aos lugares onde ocorriam manifestações 'aberrantes, arbitrárias, supersticiosas e, por conseguinte, inaceitáveis'" (Vovelle, 1996: 260). Aos olhos do autor, o fosso entre "religiosidade popular", Igreja e sociedade civil parece intransponível,[85] o que talvez seja o caso na Europa de hoje, mas não necessariamente passível de extensão a outras sociedades. Aumenta a nossa perplexidade quando ele comenta o conteúdo de boletins editados pela basílica de Montligeon e dirigidos para diversas comunidades da América Latina e da África Negra: "Será que a África e a América Latina se tornaram o último refúgio do purgatório?" (Vovelle, 1996: 280). Atrás da aparente benevolência, desenha-se uma equação: "terceiro mundo" e "terceiro lugar" seriam, igualmente, receptáculos de excluídos.

Em suas pesquisas sobre o imaginário colonial brasileiro, Sérgio Buarque de Holanda (1994) e Laura de Mello e Souza

---

[85] Curiosamente, na mesma Nápoles supersticiosa e empobrecida, encontrei um exemplo bem chamativo de recuperação do purgatório pela sociedade de alto consumo. Em meados de 2010, a revista francesa *Madame Figaro*, entre um ensaio fotográfico assinado por Karl Lagerfeld e a promoção de torneios de golfe, apresenta *L'Albergo del Purgatorio*, "pousada secreta, reservada aos apaixonados pela arte, endereço confidencial que se sussurra de boca a boca". Situado no âmago do bairro histórico de Nápoles, o Palazzo Marigliano só oferece três quartos, decorados por *designers* da moda e destinados aos poucos privilegiados que lá poderão brevemente residir. "Voltemos ao Purgatório. Lugar de passagem por definição, já que as almas nele transitam. Hotel efêmero, já que fechará as portas em outubro de 2011. Só falta um ano e picos para alcançar o paraíso..." (Cenac, Laetitia. À Naples, un avant-goût de Paradis. *Madame Figaro*, n. 20.461, p. 132-136, 15/5/2010).

5. CONCLUSÃO: O ALÉM BRASILEIRO

(1986, 1993) puseram em evidência as ambiguidades das representações europeias do Novo Mundo. "Visão do paraíso" e "inferno atlântico", o Brasil, que já fora localizado em meio às ilhas percorridas por São Brandão, se torna um espelho em que se manifestam os desejos e os temores do homem europeu. E o discurso dos catequistas dá consistência a essa projeção: a conhecida frase do jesuíta Antonil sobre o Brasil – "inferno dos negros, purgatório dos brancos e paraíso dos mulatos" – terá sido um simples gracejo, ou a versão *light* de um quase anátema? Impossível Éden e lugar de degredo, o Brasil toma feições de um país-purgatório. Oscar Sáez, em seu instigante estudo sobre "mitos e mortos no campo religioso brasileiro", chega a especular: "é como se o Brasil, já imaginado pelo europeu como Outro Mundo, tivesse perdido a oportunidade de imaginar por sua vez um Além de si e *estivesse condenado a servir para sempre de paraíso e de inferno de si próprio*" (Sáez, 1996: 181; grifos nossos). Daí, talvez, a porosidade dos limites entre além e aquém, a circulação de almas, santos e entidades entre este mundo e o outro, e o constante entrecruzamento entre religiões e práticas diversas.

Nossa pesquisa, como se viu, limitou-se, deliberadamente, ao âmbito do catolicismo, que criou e manteve a noção de purgatório, lugar de expiação e aperfeiçoamento das almas, etapa necessária ao ulterior ingresso no paraíso. Do ponto de vista estritamente metodológico, essa delimitação permitiu estreitar o campo da investigação, no sentido de frequentar locais bem-definidos – igrejas católicas e cemitérios[86] – e entrevistar os devotos que lá se encontravam.

No entanto, o registro da fala dos entrevistados e a observação de suas práticas mostraram, de modo inequívoco, que devo-

---

[86] Lembro que, embora laicos por definição legal, os cemitérios permanecem, até hoje, subordinados à hegemonia da Igreja.

ção e discurso em muito ultrapassavam o quadro estritamente católico de referência. As "almas", fossem elas sabidas e entendidas ou aflitas e necessitadas, são alvo de devoções que, embora "reunidas num mesmo espaço sociológico e simbólico-religioso católico – igrejas e cruzeiros dos cemitérios" –, refletem crenças diferentes, ou, melhor dizendo, com Medeiros (1995: 144), que "mais se cruzam do que convergem".

Esse entrecruzamento de crenças nos leva de volta à porosidade sublinhada por Pierre Sanchis, quando santos, almas e entidades mil são remanejados pelos devotos, que "introduzem entre eles todos um princípio de equivalência, *permitindo que se desfralde sem quadros ou limites um imaginário cultural onde tudo é plausível* – tudo vale, porque suscitará de antemão receptividade e simpatia" (Sanchis, 2002: 33; grifos nossos).

Almas benditas, aflitas ou errantes são abrigadas pela benevolência do "*habitus* flexibilizador" brasileiro, que promove as mais diversas formas de acolhida mágico-religiosa, nos mais variados lugares de culto e devoção. E, nesse aspecto, a devoção não apenas ultrapassa os limites estabelecidos pela teologia católica, mas também vem se misturar com outras tantas tradições vigentes nesse múltiplo mundo religioso brasileiro.

No Acre, as obras de caridade do Santo Daime incluem o recolhimento de almas errantes: "Tem o pastor das almas que é Frei José Joaquim. Ele procura as almas que estão nas trevas, na escuridão, e traz para esta casa as almas e me entrega", diz o zelador de um centro dedicado à Barquinha (Araújo, 1999: 214).

Em um terreiro de "umbandomblé" paulista, as almas desempenham atividades de seleção das entidades: "Almas santas e almas aflitas têm a função de realizar uma espécie de 'triagem espiritual', verificando se as entidades que ali passam podem ou não subir para o terreiro, retendo espíritos que poderiam perturbar a gira" (Zangari, 2003: 80). Em que medida não haverá certo

5. CONCLUSÃO: O ALÉM BRASILEIRO

parentesco entre "almas do purgatório" e "espíritos obsessores"? Ainda mais porque parece ser voz corrente que "o Kardecismo, a Umbanda e as demais religiões 'afro-brasileiras' [seriam] formas de uma religião maior, o Espiritismo" (Cavalcanti, 1983: 14).

A rigor, a doutrina kardecista, com sua visão marcadamente evolucionista, estabelece hierarquia e diferenciação.[87] Afirma que os espíritos têm de percorrer etapas sucessivas de aperfeiçoamento, "do nível mais material = inferior, ao totalmente desmaterializado = superior" (Cavalcanti, 1983: 35). E, ainda que seja possível aos espíritos da umbanda comparecer em algumas sessões espíritas, eles não deixam de se enquadrar em níveis que exigem o cumprimento do roteiro de evolução, como os demais. Esse percurso segue um trajeto pontuado por reencarnações, por meio das quais os espíritos vão circular entre os diversos níveis do mundo visível e do mundo invisível. "A vida de um Espírito é, por conseguinte, um encadeamento de passagens entre os dois mundos, de encarnações, desencarnações e reencarnações" (Cavalcanti, 1983).

Esse constante ir e vir entre o nosso mundo e o outro claramente reforça a porosidade que não se manifesta apenas no nível do entrecruzamento entre crenças, mas agora encontra a sua realização em uma visão de mundo que afirma a permeabilidade entre este lado e o outro, entre "aquém" e "além". Ou, melhor di-

---

[87] Ainda que declare valorizar o cristianismo, não deixa de situá-lo em um plano inferior na escala da evolução espiritual, conforme se pode depreender de um poema psicografado: "*Zamenhof com o Esperanto / – idioma universal – / Jesus com o Cristianismo / – Luz purificando o Mal – / Kardec e o Espiritismo / Erguendo o homem, do Abismo / até os céus espirituais*" (Aubrée; Laplantine, 1990: 173). Mas, no nível da pesquisa de campo, fica bem evidente que, para os brasileiros, "espiritismo e catolicismo pertencem ao mesmo horizonte espiritual" (Aubrée; Laplantine, 1990: 184), embora, no plano teórico-teológico, estejam opostos, já que a Igreja não aceita a ideia de reencarnação, e a Bíblia condena a invocação dos espíritos (*Samuel*, 1, 28).

zendo, com Sáez, esses dois mundos de comunicam, porque, no imaginário social brasileiro, são dois aspectos de uma mesma representação. O "Além brasileiro" se reveste de características que em nada se diferenciam das peculiaridades do país que as gerou,[88] pois, "em qualquer cultura, postular um Outro Mundo é refletir sobre o Mundo em que vivemos" (Sáez, 1996: 180). Se a cultura brasileira é marcada pela dimensão relacional que costura as fraturas sociais no mesmo momento em que as mantém, como bem mostrou Roberto DaMatta (1979, 1985), não nos devemos surpreender com os constantes entrecruzamentos que não só "misturam" almas, espíritos, santos e entidades, mas também articulam a comunicação entre seres deste e do outro mundo.

O *Dicionário Houaiss* define o "Além" em termos de espaço: é um "lugar distante, remoto, de confins", mas também "fronteiro a outro", com a função de mediar. É, portanto, *relacional* em sua definição. Separa e junta. Situa-se na dupla vertente do tempo e do espaço.

Sáez é de opinião que, classicamente, "o Além é visualizado como uma dimensão que convive com a nossa, no tempo, mas se realiza num espaço diverso", e, no catolicismo romano, a Igreja "preferiu um Além de difícil alcance, que combina as distâncias do tempo e do espaço – um universo dantesco só plenamente válido depois do Juízo Final" (Sáez, 1996: 179). Os diversos messianismos, inclusive o socialista, tendem para um Além que, no fim dos tempos – ou da história –, deverá ocupar o lugar deste nosso mundo. Ou seja, na maioria das tradições que conhece-

---

[88] É provável que a estranheza inicial diante das características paradoxais do imaginário religioso brasileiro, bem como a aceitação final de suas contradições como constituintes deste, por parte de Sáez, Sanchis e, obviamente, Augras, se deva à origem europeia desses autores: espanhola para o primeiro e francesa para os dois outros. O desconforto, ao mesmo tempo em que inquieta, obriga a repensar certezas outrora arraigadas e acolher novas percepções.

mos, "o Além é uma *utopia*", literalmente, um *não lugar* (do grego *ou*, "não", e *topos*, "lugar"). Outro mundo, talvez antagônico ao nosso, ao mundo dos vivos, situado fora do aqui e agora.

A pesquisa no campo dos cemitérios brasileiros, porém, leva Sáez a postular que, pelo contrário,

> o Além brasileiro é uma *hipertopia*, uma intensa promiscuidade no aqui-agora de fatos e categorias que em outras culturas se mantêm afastados no espaço e/ou no tempo, e onde a transgressão das fronteiras entre mundos é fácil e tentadora. (Sáez, 1996)

Nossa frequentação dos dois cruzeiros do cemitério São João Batista, o da avenida central, morada das almas – "é aqui que as moças estão" –, e o do alto, regido pelas entidades marginais, bem como as entrevistas dos devotos de defuntos milagreiros, mostrou a mesma "conjunção entre Aquém e Além" (Sáez, 1996: 186).

E as "conversas de assombrações", ainda tão vigentes em todos os cantos do Brasil, põem em evidência essa proximidade "de vivos e mortos [que] reafirma a tese de que as relações são mais importantes que os indivíduos nelas implicados; e, ainda, que estes elos sobrevivem à destruição do tempo e da morte" (DaMatta, 1985: 122). Tentativa, talvez, de negar a realidade factual da morte, essa continuidade entre a esfera relacional do presente, com o jogo de relações e oposições entre *a casa, a rua e o outro mundo*, desenha uma rede complexa de "ação e significação social onde se arma e vislumbra toda uma cosmologia", e o outro mundo se revela como "local de síntese, um plano onde tudo pode se encontrar e fazer sentido" (DaMatta, 1985: 128).

Nessa perspectiva, o Além brasileiro, com seu fervilhar de seres, com as idas e vindas que constantemente transgridem os limites do aqui e do agora, revela uma imagem do Brasil como lugar de todos os paradoxos, que tende a criar limites para melhor ultrapassá-los. E, nesse processo, evidencia uma constante busca do seu centro. Mas o encanto desses "mundos amasiados" não pode impedir o pesquisador de reconhecer que essa centralidade provém da permanência de uma profunda divisão social:

> No Brasil, pode-se dizer que a distância entre os vivos é claramente maior que a que existe entre vivos e mortos (...) a proximidade dos mortos é correlativa às grandes distâncias entre os vivos, e daí lhe advém a centralidade. Os mortos servem de mediadores nessa paisagem porque através deles é possível redesenhar qualquer relação e qualquer conflito na escala mínima das relações familiares e de vizinhança. (Sáez, 1996: 186)

Poder-se-ia supor que a multiplicidade de mediadores, almas, santos, espíritos e entidades teria a função de facilitar o evitamento dos conflitos, graças às inúmeras possibilidades de transposição destes em uma infinidade de planos diversos. Desse modo, o outro mundo não seria apenas um reflexo, uma projeção deste nosso mundo imediato, mas atuaria, por assim dizer, como dispositivo para manejar a complexa dinâmica do mundo dos vivos.

Aqui voltamos a Castoriadis (1997: 269), à função autopoiética da sociedade em sua criação de sentido, operada "pelas significações imaginárias sociais, quase sempre religiosas, que tecem conjuntamente o sentido da vida e da morte do indivíduo, o sentido da existência e dos modos de agir de determinada sociedade, o sentido do mundo como totalidade".

REFERÊNCIAS BIBLIOGRÁFICAS

A BÍBLIA sagrada. Rio de Janeiro: Sociedade Bíblica do Brasil, 1969.

ALGRANTI, L. M. *O feitor ausente*: estudos sobre a escravidão urbana no Rio de Janeiro 1808-1821. Dissertação (Mestrado) – Universidade de São Paulo – USP, São Paulo, 1983.

ALONSO, A. M. *Venerável Ordem Terceira dos Mínimos de São Francisco de Paula*: resumo histórico e ilustrado da instituição e suas fundações. Rio de Janeiro: 1970. 97 p.

ANCILLI, E. (org.). *Diccionario de espiritualidad*. Barcelona: Herder, 1983. 3 v.

ANDRADE, M. de. *Música de feitiçaria no Brasil*. São Paulo: Martins, 1963.

ARAÚJO, W. S. *Navegando sobre as ondas do Daime*: história, cosmologia e ritual da Barquinha. Campinas: Unicamp, 1999.

ARIÈS, P. *História da morte no Ocidente*: da Idade Média aos nossos dias. Rio de Janeiro: Ediouro, [1975] 2002.

_____. *L'homme devant la mort*. Paris: Seuil, 1977.

AUBRÉE, M.; LAPLANTINE, F. *La table, le livre et les esprits*. Paris: JCLattes, 1990.

AUGRAS, M. A segunda-feira é das almas. *Brasilis – Revista de Filosofia e Ciências Humanas*. Rio de Janeiro, v. 1, n. 2, p. 49-60, 2005a.

_____. Das margens para o centro: a devoção ao "Pai Joaquim". In: ISAIA, A. C. (org.). *Crenças, sacralidades e religiosidades*. Florianópolis: Insular, 2009, p. 77-101.

_____. Devoções populares: arcaísmo ou pós-modernidade?. In: PAIVA, G. J. de; ZANGARI, W. (orgs.). *A representação na religião*: perspectivas psicológicas. São Paulo: Loyola, 2004a, p. 195-216.

_____. La dévotion aux âmes du purgatoire à Rio de Janeiro. *Journal des Anthropologues*. Paris, n. 98-99, p. 212-229, 2004b.

_____. Secours d'urgence: le "show" de Saint-Expédit. *Société – Revue des Sciences Humaines et Sociales*. Paris, n. 72, p. 125-137, 2001.

_____. *Todos os santos são bem-vindos*. Rio de Janeiro: Pallas, 2005b.

_____; GUEDES, M. A moda dos santos e os santos da moda. In: VILHENA, J. de; ZAMORA, M. H. (orgs.). *A cidade e as formas de viver.* v. 2. Rio de Janeiro: Museu da República, 2007, p. 177-204.

BACHELARD, G. *La flamme d'une chandelle.* Paris: PUF, [1961] 1996.

BERGER, P. *O dossel sagrado.* São Paulo: Paulinas, 1985.

BRAGA, J. S. *Sociedade Protetora dos Desvalidos*: uma irmandade de cor. Salvador: Ianamá, 1987.

CALAINHO, D. B. *Metrópole das mandingas*: religiosidade negra e Inquisição portuguesa no Antigo Regime. Rio de Janeiro: Garamond, 2008.

CALON, O. *Les plaisirs de l'automne.* [S.l.]: Ed. du May, 1995.

CAMPOS, A. A. As irmandades do Glorioso Arcanjo São Miguel e Almas. In: BESSONE, T. M. T.; QUEIROZ, T. A. P. (orgs.). *América Latina*: imagens, imaginação e imaginário. São Paulo: Expressão e Cultura/Edusp, 1997, p. 283-303.

CARDOSO, E. D. et al. *História dos bairros*: Saúde – Gamboa – Santo Cristo. Rio de Janeiro: João Fortes/Index, 1987.

CASTORIADIS, C. *A criação histórica.* Porto Alegre: Artes e Ofícios, 1992.

_____. *Fait et à faire*: les carrefours du labyrinthe V. Paris: Seuil, 1997.

_____. *La montée de l'insignifiance*: les carrefours du labyrinthe IV. Paris: Seuil, 1996.

CAVALCANTI, M. L. V. de C. *O mundo invisível*: cosmologia, sistema ritual e noção de pessoa no espiritismo. Rio de Janeiro: Zahar, 1983.

CHALHOUB, S. *Visões da liberdade*: uma história das últimas décadas da escravidão na corte. São Paulo: Companhia das Letras, 1998.

CHARLET, C. *Le Père-Lachaise. Au coeur du Paris des vivants et des morts.* Paris: Gallimard, 2003.

COARACY, V. *O Rio de Janeiro no século dezessete.* Rio de Janeiro: José Olympio, 1965.

DAMATTA, R. *A casa e a rua*: espaço, cidadania, mulher e morte no Brasil. São Paulo: Brasiliense, 1985.

_____. *Carnavais, malandros e heróis*: para uma sociologia do dilema brasileiro. Rio de Janeiro: Zahar, 1979.

DANIEL, R. del C. *Os poderosos do Além.* Monografia (Graduação em Psicologia) – PUC-Rio, Rio de Janeiro, 1999.

REFERÊNCIAS BIBLIOGRÁFICAS

DEBRET, J. B. *Viagem pitoresca e histórica ao Brasil.* t. II. Belo Horizonte: Itatiaia; São Paulo: Edusp, 1978.

DELUMEAU, J. *Que reste-t-il du paradis?.* Paris: Fayard, 2000.

_____. *Une histoire du paradis*: le jardin des délices. Paris: Fayard, 1992.

DIAS, M. O. L. da S. *Quotidiano e poder em São Paulo no século XIX.* São Paulo: Brasiliense, 1984.

DIAS, M.; DIAS, J. *A encomendação das almas.* Porto: Imprensa Portuguesa, 1953.

DICTIONNAIRE de théologie catholique. v. XIII e XIV. Paris: Letouzey & Ané, 1941.

DOUGLAS, M. *Pureza e perigo.* São Paulo: Perspectiva, 1976.

EDMUNDO, L. *O Rio de Janeiro no tempo dos vice-reis.* Rio de Janeiro: Athena, [s.d.].

FAVROD, C.-H. *A antropologia.* Lisboa: Dom Quixote, 1977.

FRADE, M. de C. N. *Santa de casa*: a devoção a Odetinha no cemitério São João Batista. Dissertação (Mestrado) – UFRJ/PPGAS, Rio de Janeiro, 1987.

FRANCE, M. de. *Lais de Marie de France.* Paris: Le Livre de Poche, 1998.

FRAZER, J. G. *La rama dorada*: magia e religión. México: Fondo de Cultura Económica, 1969.

GARNIER, J. C.; MOHEN, J. P. *Cimetières autour du monde*: un désir d'éternité. [S.l.]: Éditions Errance, 2003.

GERSON, B. *História das ruas do Rio de Janeiro.* Rio de Janeiro: Lacerda, 2000.

HERTZ, R. A proeminência da mão direita: um estudo sobre a polaridade religiosa. *Religião e Sociedade*, n. 6, p. 98-128, [1911] 1980.

HOLANDA, S. B. de. *Visão do paraíso.* São Paulo: Brasiliense, [1968] 1994.

KARASCH, M. *A vida dos escravos no Rio de Janeiro [1808-1850].* São Paulo: Companhia das Letras, 2000.

LE GOFF, J. *La civilisation de l'occident médiéval.* Paris: Flammarion, 1964.

_____. *La naissance du Purgatoire.* Paris: Gallimard, 1981.

_____. *L'imaginaire médiéval.* Paris: Gallimard, 1985.

LIMA, I. S. *Cores, marcas e falas*: sentidos da mestiçagem no Império do Brasil. Rio de Janeiro: Arquivo Nacional, 2003.

LUZ, P. de. *Histoire des papes*. v. 1. Paris: Albin Michel, 1960.

MACHADO, J. M. de. *Um passeio pela cidade do Rio de Janeiro [1863]*. Rio de Janeiro: Edições de Ouro, 1966.

MAHFOUD, M. Encomendação das almas: mistério e mundo da vida em uma tradicional comunidade rural mineira. In: MASSINI, M.; MAHFOUD, M. (orgs.). *Diante do mistério*: psicologia e senso religioso. São Paulo: Loyola, 1999, p. 57-67.

MAUSS, M.; HUBERT, H. Esquisse d'une théorie générale de la magie. In: *Sociologie et anthropologie*. Paris: PUF, 1978, p. 1-141.

MCMULLEN, R. *Christianisme et paganisme du IVe au VIIe siècle*. Paris: Les Belles Lettres, 1998.

MEDEIROS, B. T. F. *Entre almas, santos e entidades outras no Rio de Janeiro*: os mediadores. Tese (Doutorado) – UFRJ/PPGAS, Rio de Janeiro, 1995.

MINOIS, G. *Histoire de l'enfer*. Paris: PUF, 1994.

MONTEIRO, M. Y. *Cultos de santos e festas profano-religiosas*. Manaus: Imprensa Oficial, 1983.

MORAIS FILHO, M. *Festas e tradições populares do Brasil*. Rio de Janeiro: Ediouro, 1967.

NEVES, L. F. B. Uma caçada no zoo: notas de campo sobre a história e o conceito de arte popular. In: *O paradoxo do Coringa*. Rio de Janeiro: Achiamé, [1976] 1979, p. 40-47.

OLIVEIRA, P. A. R. de. A favor da magia. *Comunicações do ISER*, v. 5, n. 8, p. 24-27, 1986.

_____. *Catolicismo popular no Brasil*. Rio de Janeiro: Feres/Ceris, 1970.

_____ et al. *Evangelização e comportamento religioso popular*. Petrópolis: Vozes, 1978.

ORTEGA, M. H. S. *La Inquisición y los gitanos*. Madri: Taurus, 1988.

PANIAGO, M. *Religiosidade popular*: charolas e encomenda das almas. Rio de Janeiro: Presença, 1988.

PEREIRA, J. C. M. da S. *À flor da terra*: o cemitério dos pretos novos no Rio de Janeiro. Rio de Janeiro: Garamond/Iphan, 2007.

PIMENTA, Letícia. História e arte a céu aberto. *Veja Rio*, p. 27-32. 5/11/2008.

REIS, J. J. *A morte é uma festa*. São Paulo: Companhia das Letras, 1991.

_____. "Death to the cemetery": funerary reform and rebellion in Brazil, 1836. *History Workshop Journal*, 1992, p. 33-46.

RIO, J. do. *As religiões do Rio*. Rio de Janeiro: José Olympio, 2006.

RODRIGUES, C. *Lugares dos mortos na cidade dos vivos*. Rio de Janeiro: Secretaria Municipal de Cultura, 1997.

RODRIGUES, R. N. *L'animisme fétichiste des nègres de Bahia*. Salvador: Reis, 1900.

SANCHIS, P. *Fiéis e cidadãos*: percursos de sincretismo no Brasil. Rio de Janeiro: Eduerj, 2001.

SCARANO, J. *Devoção e escravidão*. São Paulo: Companhia Editora Nacional, 1978.

SCHNEIDER, M. *Memória e história (Antoninho da Rocha Marmo)*: misticismo, santidade e milagre em São Paulo. São Paulo: Fapesp, 2001.

SOUZA, L. de M. e. *Inferno atlântico*. São Paulo: Companhia das Letras, 1993.

_____. *O diabo e a Terra de Santa Cruz*. São Paulo: Companhia das Letras, 1986.

VALLADARES, C. do P. *Arte e sociedade nos cemitérios brasileiros*. Rio de Janeiro: MEC, 1972. 2 v.

VAN GENNEP, A. *Os ritos de passagem*. Petrópolis: Vozes, [1908] 1978.

VERGER, P. *Notícias da Bahia – 1850*. Salvador: Corrupio, 1981.

VIANNA, H. *A Bahia já foi assim*. São Paulo: GRD; Brasília: INL, 1979.

VORAGINE, J. de. *La légende dorée*. Paris: Garnier-Flammarion, 1967. 2 v.

VOVELLE, M. *Les âmes du purgatoire*: ou le travail du deuil. Paris: Gallimard, 1996.

_____. *Mourir autrefois*: attitudes collectives devant la mort aux XVIIe et XVIIIe siècles. Paris: Gallimard/Julliard, 1974.

ZANGARI, W. *Incorporando papéis*: uma leitura psicossocial do fenômeno da mediunidade de incorporação em médiuns de umbanda. Tese (Doutorado) – Universidade de São Paulo – USP, São Paulo, 2003.

ZARUR, D. *Histórico dos cemitérios da Santa Casa*. Rio de Janeiro: Santa Casa de Misericórdia, 1978.

Este livro foi impresso em agosto de 2012, na Lis Gráfica, em São Paulo.
O papel de miolo é o offset 75g/m² e o de capa é o cartão 250g/m².
As fontes utilizadas foram Minion Pro 11,5/10/9,5 e BastardusSans 13.